Competencias profesionales de los docentes actuales para necesidades actuales

Competencias profesionales de los docentes actuales para necesidades actuales

Informes de Práctica profesional

José Francisco Acuña Esquer

Coautores:
Mtra. Blanca Rueda Flores Castro
Mtra. Laura Elena Esquer Rodríguez
Lic. Andrea González Corbalá
Mtro. Emigdio Germán Martínez Vázquez
Mtro. José Guadalupe Ríos Márquez
Dr. Rubayyath Gildebardo Escamilla Flores
Mtro. Allán Chacara Montes
Mtro. Julio César Pérez Mercado

Directorio:
Director del Centro Regional de Educación Normal
"Rafael Ramírez Castañeda"
Mtro. Guadalupe Lara Cruz
Sudirectora Académica
Mtra. Teresa de Jesús Castro Sánchez

Número de Control de la Biblioteca del Congreso de EE. UU.:   2016901214
ISBN: Tapa Dura   978-1-5065-1204-4
               Tapa Blanda   978-1-5065-1203-7
               Libro Electrónico   978-1-5065-1202-0

Información de la imprenta disponible en la última página.

Fecha de revisión: 27/02/2016

Para realizar pedidos de este libro, contacte con:
Palibrio
1663 Liberty Drive
Suite 200
Bloomington, IN 47403
Gratis desde EE. UU. al 877.407.5847
Gratis desde México al 01.800.288.2243
Gratis desde España al 900.866.949
Desde otro país al +1.812.671.9757
Fax: 01.812.355.1576
ventas@palibrio.com
729268

INDICE

Presentación

L AS NECESIDADES DE transformación se encuentran a la orden del día. Paso a paso, la misma sociedad y los avances que se van presentando a lo largo y ancho del globo, empujan al ser humano a ser cada vez más versátil en su forma de entender su participación en la vida cotidiana.

Por sus características propias, el quehacer docente es, y deberá ser, una actividad en constante cambio, previendo las distintas acciones que se han de implementar al interior del aula con los alumnos, pero también en la forma en que participa en la toma de decisiones en lo que se ha llamado la gestión de los aprendizajes, donde no solo se circunscribe a los ya citados logros académicos, sino a los esfuerzos en conjunto del colectivo docente para crear mejores espacios y oportunidades para las niñas y niños que se encuentran en edad escolar.

La participación docente, entonces, ha de ser cambiante en la medida en que los requerimientos de su contexto y sus alumnos se lo demanden. Para ello ha de contar con las competencias necesarias y vastas, que le permitan afrontar tales cambios y requerimientos sociales y globalizantes.

El Plan de estudios 2012 para las Escuelas Normales se encuentra cimentado en premisas como la enseñanza situada en el alumno, flexibilidad curricular y un enfoque por competencias, que capacita y certifica a quienes lo cursan con una amplia gama de competencias genéricas y profesionales, mismas que le permitan dar respuesta pronta y eficaz a las diversas tareas de la educación básica.

Para su implementación, el Plan de Estudios 2012 se llevó primero a una etapa de pilotaje, mismo en el que el Centro Regional de Educación Normal "Rafael Ramírez Castañeda" de Navojoa Sonora, tuvo la oportunidad y el privilegio de participar, recibiendo diferentes capacitaciones para las licenciaturas en Educación Primaria, Preescolar y Primaria Intercultural Bilingüe.

Al llegar al octavo semestre, los estudiantes de las licenciaturas ofertadas en la Escuela Normal deben transitar por un periodo de práctica en condiciones similares a los maestros en servicio. Dicha estancia en la escuela primaria o jardín de niños se prolonga por un lapso de 16 semanas en las que debe de atender a un grupo en específico; a su vez, el docente en formación deberá procurar para su beneficio profesional la resolución de los diferentes dilemas que aquejan su práctica educativa, con la finalidad de perfeccionar su estilo de enseñanza y sus cualidades para la toma de decisiones oportunas en apego a la normatividad.

Como resultado de esta jornada de práctica intensiva, y no como un fin en sí mismo, se elabora un informe de práctica profesional, en el que se da a conocer el proceso vivido por el estudiante normalista en la identificación y enfoque de uno de sus dilemas durante su formación docente, mismo que orienta la creación de una propuesta de mejora y un plan de acción que coadyuve en el desarrollo, fortalecimiento o despliegue de la competencia de la cual se adolece.

Este documento recupera algunas de las acciones y estrategias implementadas por los estudiantes del Plan de Estudios 2012, generación 2011-2015 en su etapa piloto de las Licenciaturas en Educación Primaria y Educación Preescolar, en el CREN "Rafael Ramírez Castañeda", de Navojoa, Sonora; no buscando con esto dictar una forma única de trabajo para el informe de práctica profesional; la intención pretendida radica en la trascendencia de dar a conocer el trabajo realizado a lo largo de las jornadas de práctica por parte de los estudiantes normalistas y la visión que el colegiado de octavo semestre de la escuela Normal adoptó en torno a las asesorías que la DGESPE y los especialistas marcaran, según las orientaciones generales de titulación.

Queda entonces en sus manos este material que, como se ha dicho, no pretende armar directriz alguna a la cual alienarse. Es preciso adoptar el presente como una obra en la que el ingenio, la creatividad, la investigación y el despliegue de competencias profesionales se unen para dar a la práctica educativa y a la formación docente bríos renovados, en los que se advierte el profesionalismo del estudiante normalista y el misticismo propio del trabajo en las Escuelas Normales.

El coordinador

Las TIC como apoyo pedagógico en el proceso de enseñanza y aprendizaje en quinto grado.

María Lorena Ballesteros Ibarra

Contexto en el que se realiza la mejora

Intención

LA PROFESIÓN DOCENTE demanda características específicas a las personas que con la tarea de educar se comprometen; superarse a diario debe ser una de las labores imperecederas del profesor. Durante la formación inicial se han puesto grandes retos para llevar a cabo un papel de calidad en el futuro, es por ello que ante los espacios problemáticos presentados siempre se ha tratado de hallar las soluciones pertinentes.

García, Loredo y Carranza (2008) mencionan que:

La práctica educativa de los docentes es una actividad dinámica, reflexiva, que comprende los acontecimientos ocurridos en la interacción entre maestro y alumnos. No se limita al concepto de docencia, es decir, a los procesos educativos que tienen lugar dentro del salón de clases, incluye la intervención pedagógica ocurrida antes y después de los procesos interactivos en el aula. (p.2)

Educar pues, es una tarea demandante, que exige calidad y esfuerzos incontables para tener resultados exitosos.

Los futuros docentes se ven inmersos en una gran variedad de contextos escolares a los cuales se enfrentan con el fin de tomar conciencia de la relación entre el hacer y el pensar; para conocer, analizar, diseñar y aplicar las estrategias más convenientes según las características de los discentes, a quienes las diferentes situaciones culturales, económicas, ideológicas y sociales les imprimen un conjunto de características únicas que se conjugan en la diversidad del grupo. El docente se enfrenta continuamente a ello, constituyéndose como un profesional racional ante espacios problemáticos; a su vez, la reflexión de las experiencias vividas a diario es lo que le permite avanzar continuamente hacia la mejora de su práctica docente.

En la Escuela Normal se han adquirido un sinfín de aprendizajes, estos se han venido perfeccionando en la acción durante las diversas jornadas de práctica en las escuelas primarias. Mercado Cruz (2003, p. 125) explica que "las prácticas pedagógicas dentro de los procesos de formación inicial del magisterio, son mucho más que una mera actividad técnica e instrumental en la que se ponen a prueba la planeación, el material didáctico y las estrategias didácticas preconcebidas por la Escuela Normal".

Se pretende transformar y mejorar la práctica educativa con el decreto de que ser docente implica ser una persona ágil ante el cambio, con capacidades de adaptación para la diversidad, asimismo estar preparado con habilidades intelectuales específicas, dominio de los contenidos de enseñanza y saber manejar las Tecnologías de la Información y Comunicación en el marco del avance tecnológico contemporáneo.

Contextualización

El lugar donde tuvo lugar la experiencia de práctica docente intensiva durante el ciclo escolar 2014-2015 es la escuela primaria estatal "Club de Leones N° 2" de la zona escolar 004 con clave 26EPR0165M, perteneciente al Sector 1, la cual tiene su domicilio en la calle Club de Leones entre Josefa Ortiz de Domínguez y Mariano Jiménez, ubicado en la colonia Tierra Blanca del municipio de Navojoa, Sonora.

Centrando la atención en el grupo de práctica, se tiene que es quinto grado sección "A"; está integrado por 31 alumnos que oscilan entre los 10 y 11 años de edad, de los cuales 15 son niños y 16 niñas. Según Piaget (citado en Meece, 2000, p.103) se sitúan en el estadio operaciones concretas caracterizándose por aprender las operaciones lógicas de seriación, de clasificación y de conservación. El pensamiento está ligado a los fenómenos y objetos del mundo real.

Existen 4 niños con problemas de aprendizaje los cuales deben esto a distintas causas; entre ellas, la falta de atención en el hogar, rezagos educativos y uno diagnosticado con madurez mental menor a la correspondiente físicamente. Los cuatro alumnos están siendo atendidos dentro del aula y también con el apoyo del equipo de USAER.

Diagnóstico

Recordando que el diagnóstico es una investigación en que se describen y explican ciertos problemas de la realidad para intentar su posterior solución (Astorga y Van der Bijl, 1991), se procedió a aplicar entrevistas para puntualizar las perspectivas acerca del uso de las TIC y su pertinencia en el proceso de enseñanza y aprendizaje. Dichas entrevistas, fueron para docentes en servicio, para los niños del grupo, sus padres y el director de la institución educativa.

Se entrevistó a cuatro maestros titulares, de los cuales dos atendían quinto grado y dos a sexto grado. Se incluyeron preguntas acerca de la relevancia que tiene la integración de las TIC en la dinámica escolar, si hacen o no inclusión de ellas en la planeación didáctica, de qué forma y qué resultados han obtenido. Además, se incluyeron preguntas sobre el conocimiento y dominio del software que ofrecen la tablet mx y Mi compu mx.

Los resultados arrojaron que los docentes coinciden en la importancia que tiene la inclusión de las TIC en el proceso de enseñanza y aprendizaje, sustentando esto en que se está viviendo en una época donde los adelantos tecnológicos están en auge y la escuela no debe quedarse atrás, sino ir a la par de ellos. Manifestaron además ocasionalmente incluir en sus planeaciones estrategias utilizando las TIC, aprovechando lo que ofrecen la tablet mx y Mi Compu mx.

Entre los resultados que han obtenido al realizar lo anterior declararon que han sido positivos, pues los niños se sienten motivados, más interesados en las clases y se ha mejorado la comprensión de los temas. En cuanto a los cuestionamientos sobre el recurso de la tablet mx y Mi compu mx, los docentes respondieron que lo califican como muy bueno, siendo herramientas innovadoras de mucha ayuda a su labor; reconociendo, sin embargo, no manejar ni dominar ampliamente todos los programas que ofrecen los equipos; además de no conocer otros software educativos adicionales a los que estos ofrecen.

En la entrevista al director de la escuela se le cuestionó sobre la pertinencia de la utilización de las TIC en el proceso de enseñanza y aprendizaje, manifestando total acuerdo con la relevancia que tiene incluir estas herramientas en la labor educativa. Declaró además conocer la manera en que la planta docente del plantel utiliza las TIC en el desarrollo de las clases, ya que revisa su planificación didáctica y visita regularmente las aulas.

Comentó, asimismo, sobre las TIC con las que cuenta la escuela y la manera en que son facilitadas a los maestros; celebró además la oportunidad que tienen los niños de contar con laptop y tablet; sin embargo, hizo hincapié en que es necesario instrumentar estrategias en el uso de ellas. Finalmente, manifestó que se han tenido algunos problemas con estos recursos en cuanto al mantenimiento y cuidado que requieren, ya que no se instruyó adecuadamente a los docentes y alumnos, según su punto de vista.

El total de los alumnos que integran el grupo de práctica respondieron también una entrevista obteniendo resultados muy similares entre ellos en los cuestionamientos. La mayoría de los niños respondió que normalmente usan algunos recursos tecnológicos cotidianamente como celulares, computadoras, laptops, televisión, entre otros, además de contar el 70% con servicio de internet en sus hogares. Les agrada trabajar con las TIC en el aula y describieron la forma en lo que hacen actualmente, así como las actividades desarrolladas con la herramienta de la tablet mx las cuales no variaron mucho. Además de hacer trabajos en clase, también la utilizan como medio de recreación y entretenimiento.

Los padres de familia también fueron entrevistados; estos calificaron el recurso de la tablet mx como muy bueno, sobre todo porque es un gran apoyo para los niños en su educación cuando no se tiene la solvencia económica para ser adquirida por la familia. Algunos padres manifestaron que sí saben sobre las actividades que se llevan a cabo en las clases en las que se utiliza este recurso, afirmaron que se han involucrado activamente cuando les dejan asignaciones extra clase a los niños en este equipo; otros sin embargo, desconocen el uso del equipo en el aula.

Fueron pocos padres los que reconocieron que, además de fines educativos, la tablet mx es usada por sus hijos para recreación, entretenimiento o redes sociales. También se manifestó por parte de ellos que les gustaría que los niños tuvieran más asignaciones en ella, no solo en el horario escolar sino extra clase, esto con el propósito de evitar que la utilicen tanto tiempo para diversión y ocio.

Los hallazgos en el diagnóstico hacen evidente la importancia que tienen estas herramientas para favorecer el trabajo en el aula: están los alumnos, con gusto e interés por las actividades escolares que las incluyan; los padres, en favor de estrategias innovadoras que coadyuven al aprendizaje de sus hijos; maestros, desde una perspectiva abierta al cambio y, a la vez, conscientes de que aún les falta por conocer en materia de manejo y dominio de estos recursos.

Luego de este primer acercamiento para entender los elementos que giran alrededor del dilema se optó por ocuparse en el análisis y reflexión de las soluciones pertinentes de este, sabiendo que dicha situación se halla enmarcada en la sociedad del conocimiento, el desarrollo científico y tecnológico, la cual plantea un conjunto de retos a la formación y práctica profesional de los docentes.

Descripción y focalización del dilema

A lo largo de la formación docente se han enfrentado retos, problemas y desafíos que han forjado una identidad profesional cada vez más sólida. Tareas como uso del tiempo, planificación didáctica, control del grupo y habilidades de comunicación, que en un principio figuraban entre las áreas de oportunidad, se han ido fortaleciendo con el paso del tiempo y la adquisición de experiencia en las escuelas primarias. A pesar de ello, ser docente es una profesión que requiere estar mejorándose y actualizándose día con día, para poder hacer frente a la variedad de situaciones que se presentan en el trabajo cotidiano.

Saber potenciar los recursos tecnológicos al alcance en el aula representa un dilema en el quehacer docente. Un dilema según Zabalza (2011) es "todo conjunto de situaciones bipolares o multipolares que se le ofrecen al profesor en el desarrollo de su actividad profesional" (p. 21). En este orden, trabajar con las nuevas tecnologías resulta una problemática dado que, en muchas ocasiones, no se ha tenido el conocimiento para integrar las TIC de una forma eficiente y creativa en el trabajo áulico que permita obtener más y mejores resultados.

Se reconoce la necesidad de utilizar las herramientas tecnológicas para que los alumnos tengan la oportunidad de vivir nuevas experiencias en cuanto a la construcción de sus conocimientos, mediante situaciones didácticas significativas. En este sentido, resulta favorecedor incluir en la medida de lo posible, y sin llegar a los excesos, las TIC en las áreas que así se requiera y se preste para ello; sin embargo, para efectos de este informe se retomará la asignatura de Historia para la puesta en marcha de las acciones estratégicamente definidas para solventar el área de oportunidad presentada.

El hecho de reconocer en la práctica docente la dificultad en el uso de las TIC con un papel educativo, trae consigo una reflexión pedagógica que conlleva un compromiso y responsabilidad de instrumentar la búsqueda permanente de estrategias, alternativas, procedimientos y actividades que tiendan a resolver lo que en este trabajo se expone como problemática. Siendo así, el dilema que orienta el desarrollo de este informe queda enunciado en la siguiente interrogante: ¿Cómo potenciar las TIC en el aula para favorecer un proceso de enseñanza y aprendizaje eficiente al abordar temas de la asignatura de Historia, acorde a las necesidades de los alumnos de quinto grado?

Tras hacer un análisis del Documento Base para la Consulta Nacional (SEP, 2011), se ubicó este dilema en el ámbito 2 de profesión docente: *Organización del ambiente en el aula,* el cual pretende que el futuro licenciado en Educación "desarrolle su potencial para crear un ambiente de clase que le permita llevar a cabo el proceso de enseñanza y aprendizaje, tomando en cuenta el contexto y sus estudiantes; considerando la progresión de los contenidos y el avance grupal" (SEP, 2011, p. 21).

La competencia a fortalecer para coadyuvar a la solución del dilema, perteneciente al ámbito antes descrito, se enuncia como: "Usa las TIC como herramienta de enseñanza y aprendizaje", más específicamente en su unidad de competencia "Aplica estrategias de aprendizaje basadas en el uso de las tecnologías de la información y la comunicación de acuerdo con el nivel escolar de los alumnos" (ibídem, p. 26).

"Las complejidades, ambigüedades y dilemas que caracterizan las aulas de clases en la actualidad, requieren de docentes que se involucren de manera efectiva tanto en el cuestionamiento crítico como en la reflexión profunda" (Villalobos y Cabrera, 2008, p. 140)". Es innegable que la integración de las TIC en el trabajo áulico es un tópico del que ya no se puede dar marcha atrás; es necesario enfrentar este dilema generando estrategias y propuestas pertinentes para coadyuvar en el fortalecimiento de las competencias que componen el perfil de egreso de la formación docente.

Descripción de las actividades de las acciones didácticas como alternativas de solución del dilema

Teniendo definido el dilema sobre cómo potenciar las TIC en el aula para favorecer el proceso de enseñanza y aprendizaje eficiente al abordar temas de la asignatura de Historia, acorde a las necesidades de los alumnos de quinto grado; se procedió a establecer líneas de acción, esperando coadyuvar en la solución de esta situación.

La primera acción corresponde al diseño del taller titulado "Conociendo y utilizando el programa de presentación OFFICE PPT de mi tablet mx". En este se establecieron actividades para orientar a los niños en el uso del programa para hacer presentaciones "Office PPT", perteneciente a la aplicación kingsoft office que la tablet mx incluye.

La segunda acción se refiere al diseño de planeaciones didácticas usando las TIC como herramienta de enseñanza y aprendizaje; aquí se estructuraron actividades variadas para abordar los distintos contenidos del tercer bloque de estudio de la asignatura de Historia, titulado "Del Porfiriato a la Revolución Mexicana". En dichas secuencias se tomaron como apoyo pedagógico los recursos tecnológicos al alcance en el aula, como: proyector, bocinas, internet, tablet mx, entre otros.

Acción 2. Diseño de planeaciones didácticas usando las TIC como herramienta de enseñanza y aprendizaje

El propósito general es aplicar los conocimientos pedagógicos y disciplinares en el diseño de planeaciones didácticas que incluyan estrategias basadas en el uso de las TIC. Los propósitos específicos son: 1. Aplicar estrategias de aprendizaje basadas en el uso de las tecnologías de la información y la comunicación de acuerdo con el nivel escolar de los alumnos, 2. Promover el uso de la tecnología para el aprendizaje autónomo y 3. Usar los recursos de la tecnología para crear ambientes de aprendizaje.

Dentro de esta acción se definieron tres actividades sustantivas: 1. Visualización de videos para comprender la historia, 2. Utilización de la Fonoteca Nacional incluida en la tablet mx, 3. Uso de interactivos contenidos en la tablet mx. A su vez, cada una de estas actividades quedó organizada en forma de sesión; todas ellas están secuenciadas de forma congruente a la evolución de los contenidos y temas del bloque de estudio. Además de los productos, se evaluará en cada sesión la participación individual y grupal mediante listas de relación; se incluye también una evaluación general de cada estrategia.

Actividad 3. Utilización de interactivos incluidos en la tablet mx

Bajo esta estrategia se desarrollarán los temas: "La Constitución Política de 1917 y sus principales artículos" y "La cultura revolucionaria" así como los temas para analizar y reflexionar: "La influencia extranjera en la moda y el deporte" y "La vida en las haciendas" con los cuales queda cerrado el tercer bloque de estudio de la asignatura de Historia. Con su estudio se espera favorecer las competencias: i) Comprensión del tiempo y espacio histórico, ii) Manejo de la información histórica y iii) Formación de una conciencia histórica para la convivencia.

En la sesión número cinco los contenidos a tratarse son: "La Constitución Política de 1917 y sus principales artículos" y "La cultura revolucionaria". Correspondientes a ellos, los aprendizajes que se espera adquiera el alumno se enuncian como: 1) "Valora las garantías establecidas en la Constitución de 1917 para la conformación de una sociedad más justa" y 2) "Valora el legado que ha dejado la cultura revolucionaria en nuestro presente" (SEP, 2011, p.160). El ámbito al que los contenidos pertenecen son el político y cultural.

Para iniciar, el alumno leerá y comentará grupalmente el tema "La Constitución de 1917 y sus principales artículos" en la pág. 100 de su libro de texto. Luego de poner en juego los conocimientos previos respecto al tema, observará en su tablet mx los videos: "Discusión sobre la Constitución de 1917" y "La Constitución de 1917"; de los cuales comentará en plenaria los hallazgos, enfatizando la relevancia del establecimiento de las garantías individuales en una ley máxima para los mexicanos. Asimismo, como producto de esto, elaborará un mapa conceptual de la Constitución de 1917 y sus principales artículos: 3°, 27° y 123° en su tablet mx, específicamente en un documento PPT de la aplicación kingsoft office; este será evaluado mediante rúbrica.

Para abordar el siguiente contenido, leerá y comentará grupalmente el tema "La cultura revolucionaria" en la pág. 101 de su libro de texto; posteriormente, escuchará de manera individual los corridos: "La Adelita", "El Barzón" y "Jesusita en Chihuahua" en su tablet mx y grupalmente cantará el corrido "La Adelita" auxiliado por la pista y la letra del corrido. Para finalizar, jugará al interactivo "La importancia de los corridos" en su tablet mx y establecerá conclusiones grupales del papel que desempeñaron los corridos en la cultura revolucionaria.

La sesión número seis aborda los temas para analizar y reflexionar: "La influencia extranjera en la moda y el deporte". Con el desarrollo de esta sesión se espera que el alumno "investigue aspectos de la cultura y la vida cotidiana del pasado y valore su importancia" (SEP, 2011, p.160). Los contenidos se enmarcan en el ámbito social.

Para iniciar el tema, el alumno leerá y comentará grupalmente el tema "La influencia extranjera en la moda y el deporte" en la pág. 103 del libro de texto. Posteriormente, en binas, desarrollará la actividad "Investigo y valoro" de la pág. 104, donde responderá cuestionamientos analizando algunos aspectos de la vida cotidiana mencionados en la lectura. Finalmente, comentará la resolución de la consigna y jugará al interactivo "Una importante influencia extranjera" en su tablet mx. Al término, compartirá en plenaria lo observado en el interactivo, qué elementos identificó y qué aprendió.

Los interactivos abordados en esta estrategia serán evaluados mediante una autoevaluación por parte de los discentes. En este instrumento se pretende descubrir el impacto que tuvieron las actividades para favorecer la comprensión de los contenidos, así como el mejoramiento de los aprendizajes en los niños desde su propia perspectiva.

Desarrollo, reflexión y evaluación de la propuesta de mejora

Con el propósito de acercar los contenidos escolares a las posibilidades de comprensión y aprendizaje por parte de los alumnos, el docente utiliza diferentes recursos didácticos y pedagógicos, todos ellos enmarcados en determinadas acciones que selecciona para que los alumnos las realicen. Bixio (2006) agrega que además, "[el docente] se propone ciertos propósitos y tiene una representación más o menos clara del proceso que deberán llevar los alumnos para realizarla, a la vez que espera ciertos resultados, incluso anticipa diferentes resultados para los diferentes alumnos que componen su grupo" (p.106).

Después del exhaustivo diseño de las acciones didácticas como alternativas de solución al dilema que orienta el desarrollo de este informe y su consiguiente aplicación, conviene analizar a detalle cómo se dio el desarrollo y la evaluación de las propuestas así como sus resultados. A la vez, se considera oportuno explicitar los procesos de confrontación y reflexivos surgidos de las mismas. Puntualizar estos elementos permitirá establecer la pertinencia y consistencia de las estrategias ejecutadas, así como el replanteamiento de las mismas.

Acción 2: Diseño de planeaciones didácticas usando las TIC como herramienta de enseñanza y aprendizaje

Para que una clase resulte significativa, además de estar planeada congruentemente requiere que el docente use una diversidad de recursos y estrategias didácticas que estimulen la imaginación y la creatividad del alumno. Entre los recursos que el docente puede emplear para ofrecer una variedad de experiencias de aprendizaje en la asignatura de Historia, se sugiere el uso de las TIC, pues "constituyen una alternativa para el conocimiento histórico y son herramientas que desarrollan habilidades relacionadas con el manejo de información ya que ofrecen una variedad de recursos para la clase de historia" (SEP, 2011, p. 152).

Actividad 3. Utilización de interactivos incluidos en la tablet mx

El día jueves 12 de febrero de 2015, se llevó a cabo la quinta sesión para la clase de historia, donde se abordaron los siguientes dos temas para comprender el periodo: "La Constitución Política de 1917 y sus principales artículos" y "La cultura revolucionaria", bajo la actividad titulada "Utilización de interactivos incluidos en la tablet mx".

Entre las actividades planificadas para el primer tema estuvieron la lectura grupal y comentada de la información brindada por el libro de texto; posteriormente la observación y análisis de los videos: "Discusión sobre la Constitución de 1917" y "La Constitución de 1917" en la tablet mx y la creación de un mapa conceptual digital de esta y sus principales artículos: 3°, 27° y 123°.

Las actividades se realizaron sin inconvenientes, en un tiempo aproximado de 60 minutos. Se privilegió la mediación docente para ayudar a los niños a entender aquellas acciones en el pasado que favorecieron el desarrollo de la democracia, la igualdad, la justicia, el respeto y que se constituyeron en la Carta Magna, para que lograran fortalecer la competencia "Formación de una conciencia histórica para la convivencia".

Durante el trabajo, se conjugaron factores como la participación, la ayuda mutua y el desarrollo de actitudes que permitieron alcanzar el aprendizaje esperado en los alumnos, mismo que se expresó en la valoración de las garantías establecidas en la Constitución de 1917, para la conformación de una sociedad más justa. La valoración del mapa conceptual mediante rúbrica permitió ver, entre otras cosas, que sí lograron organizar la información de manera jerárquica, lógica y secuencial, utilizando las herramientas de diseño del programa office ppt de la tablet mx.

En la segunda mitad de la sesión, se abordó el tema "La cultura revolucionaria". Se pretendió que los niños lograran valorar el legado que ha dejado la cultura revolucionaria en nuestro presente. En este sentido, conocer el papel de los corridos en la época fue crucial, puesto que estas fuentes orales permitieron a los niños desarrollar empatía al leerlos, comentarlos y cantarlos.

"El Barzón", "Jesusita en Chihuahua" y "La Adelita", son algunos corridos incluidos en el acervo musical de la tablet, los cuales fueron escuchados y comentados para posteriormente cantar grupalmente este último, auxiliados de la proyección de la letra en la pantalla. Esta actividad permitió infundir dinamismo y energía en la clase, haciéndola más divertida para los alumnos.

Para cerrar la sesión, los niños trabajaron en el interactivo "La importancia de los corridos" en su tablet mx. De este se desprendieron diversos beneficios, ya que coincidiendo con aplicaciones educativas actuales de las TIC, estos "proporcionan una base para el desarrollo de experiencias de aprendizaje más ricas, se asegura una motivación intrínseca al contemplar la posibilidad de tomar decisiones, realizar acciones y recibir un feedback más inmediato a las mismas" (Posada, 2012).

Es precisamente este "feedback" o retroalimentación lo que permite al alumno identificar sus errores en tiempo real e interactuar con la interfaz para corregir y aprender en este sentido, de forma autónoma. En este tipo de aprendizaje se espera que el alumno sea independiente y que autogestione su práctica, es decir, que sea capaz de autorregular sus acciones para aprender y alcanzar determinadas metas en condiciones específicas (Crispín, et al. 2011).

Por su parte, no se suscitaron problemas al trabajar con el software; la ventaja de los interactivos presentados en la tablet es que muestran las instrucciones tanto escritas como orales, facilitando su seguimiento de forma visual en caso de fallas en el audio.

La utilización de interactivos también se hizo presente en la última sesión del bloque, donde se desarrolló el tema para analizar y reflexionar: "La influencia extranjera en la moda y el deporte". La sesión se llevó a cabo el día 19 de febrero de 2015 y tuvo un tiempo de aplicación de una hora.

Entre las actividades implementadas estuvo el análisis de información referente a la influencia extranjera en la moda y el deporte durante la época revolucionaria, asimismo la realización de la actividad "Investigo y valoro" en el libro de texto; en esta se privilegió la reflexión sobre este tema mediante la discusión de diversas preguntas a partir de la observación de imágenes. El interactivo "Una importante influencia extranjera" cerró con las actividades, reforzando el contenido.

Este último interactivo colaboró en el logro de los aprendizajes esperados en los alumnos, puesto que los movió a conocer aspectos de la cultura y la vida cotidiana del pasado y valorar su importancia. De nueva cuenta se observó que resolver interactivos es una actividad que despierta gran interés en los alumnos, les agrada y motiva ser parte de su mismo proceso de aprendizaje, mediante la oportunidad del ensayo y error.

El impacto de las consignas didácticas así como de los interactivos en la comprensión de los contenidos fue valorado mediante una autoevaluación por parte de los discentes. En ella, se incluyeron aspectos congruentes a los aprendizajes esperados de los temas abordados bajo la estrategia "Utilización de interactivos en la tablet mx".

Luego de concluir con las estrategias correspondientes a la acción "Diseño de planeaciones didácticas usando las TIC como herramienta de enseñanza y aprendizaje" es posible identificar el alcance de las mismas, con base en el análisis y reflexión de las adecuaciones, reconstrucciones y confrontaciones que implicaron, así como de sus resultados y del impacto que tuvieron en el aprendizaje de los discentes.

Tomando como punto de partida los aprendizajes esperados de cada uno de los contenidos abordados y las competencias históricas a desarrollarse, se establece que las estrategias planteadas y ejecutadas tuvieron a bien favorecer y promover tales aprendizajes de manera significativa en los alumnos, puesto que mediante una organización del ambiente áulico inscrito en las TIC se mejoró la comprensión de las temáticas de la asignatura de Historia en su tercer bloque de estudio.

La utilización de videos, interactivos y de la Fonoteca Nacional promovió en primera instancia el interés hacia la asignatura, pues fueron medios que resultaron atractivos para los niños del grupo. En segundo lugar, al entrar en contacto con nuevas formas de acceder al aprendizaje, como son las TIC, se presume fomentaron su pensamiento histórico mediante el fortalecimiento de las competencias que propone el enfoque de esta asignatura en educación primaria.

Es necesario resaltar precisamente el trabajo con estas competencias históricas, que sin duda fueron ejes rectores en la valoración de la congruencia de las estrategias empleadas. Los alumnos tuvieron acercamiento con fuentes de información histórica, en donde movilizaron conocimientos y habilidades para seleccionarlas, analizarlas y evaluarlas críticamente. Asimismo, la conjunción de estrategias didácticas coadyuvó en la comprensión del tiempo y del espacio histórico de los acontecimientos abordados, favoreciendo la formación de una conciencia histórica para la convivencia.

Enseñar a los alumnos a pensar históricamente es uno de los mayores retos en la didáctica de la historia actualmente, por ello estimando panorámicamente la pertinencia de esta segunda acción correspondiente a la planificación, se tiene que la inserción de las TIC en la dinámica escolar fue benéfica, pues tuvo un impacto positivo en la motivación de los alumnos hacia el estudio de la asignatura en cuestión, promoviendo además aprendizajes significativos.

Por su parte, la implementación de esta segunda acción y los procesos que conllevó brindaron también aprendizajes significativos a quien escribe estas líneas. Al fusionar las TIC en la dinámica escolar se transformó la práctica, en la medida en que se redescubrieron nuevas formas de mediar el conocimiento a los alumnos potenciando este tipo de recursos tecnológicos.

Entre las aportaciones al ejercicio profesional que se lograron, se hallan la aplicación de capacidades de carácter cognitivo, procedimental y actitudinal, de manera integral hacia tareas como la planificación, ya que se constituyeron situaciones didácticas acordes a los enfoques de la enseñanza de la historia, a través de estrategias situadas, que resultaron atractivas para los alumnos.

Asimismo, se consiguió la integración de la teoría y la práctica para crear ambientes de aprendizaje que favorecieron la generación de conocimiento y comunicación en los discentes mediante recursos tecnológicos, potenciando el trabajo colaborativo. Entre los espacios de sugerencia están la búsqueda permanente de estrategias que permitan disminuir las brechas digitales y al mismo tiempo que promuevan aprendizajes significativos y valiosos en los alumnos.

Conclusiones y recomendaciones

El dilema tuvo una atención focalizada que requirió centrarse en distintas variables para la construcción de una propuesta de mejora. Dicha atención se abrió en dos vertientes: la puesta en marcha de un Taller sobre el programa Office ppt, de la gama digital de la tablet MX y, por otra parte, la planificación de secuencias didácticas para abordar contenidos de la asignatura de Historia, potenciando los recursos tecnológicos para crear un ambiente de aprendizaje dinámico e innovador que favorecieron el despliegue de la competencia seleccionada.

El dilema enunciado en la interrogante ¿Cómo potenciar las TIC en el aula para favorecer un proceso de enseñanza y aprendizaje eficiente al abordar temas de la asignatura de Historia, acorde a las necesidades de los alumnos de quinto grado? se vio finalmente esclarecido y solucionado; debido a que se encontraron formas apropiadas de integrar eficientemente las TIC al alcance, contribuyendo a la promoción de aprendizajes significativos en los alumnos, aunado al despliegue de habilidades docentes relacionadas al área en cuestión.

Aunque la propuesta de mejora fue un plan de intervención a nivel personal y profesional, quienes fungieron como receptores de ella, precisamente para constatar su pertinencia y eficacia fueron los alumnos del grupo de práctica. En función de ellos se tiene que, al abordar contenidos de historia mediante el apoyo didáctico de las TIC desarrollaron un interés hacia la asignatura sumamente valioso, al hacerse partícipes de ella mediante diversos recursos tecnológicos, de la investigación, interacción y confrontación. Finalmente movilizaron conocimientos, actitudes y valores hacia el desarrollo del pensamiento histórico.

Se fortaleció la competencia docente: "Usa las TIC como herramienta de enseñanza y aprendizaje" asimismo la unidad de competencia "Aplica estrategias de aprendizaje basadas en el uso de las tecnologías de la información y la comunicación de acuerdo con el nivel escolar de los alumnos". Esto se expresa ya que a través de las distintas planificaciones y las reconstrucciones pertinentes se obtuvo un bagaje conceptual, factual y disciplinar que posibilita la intervención didáctica en otros escenarios de la educación primaria.

Se logró generar ambientes de aprendizaje y organizar experiencias significativas en el salón de clases mediadas por las TIC. Tales condiciones resultaron interesantes, atractivas e innovadoras para los alumnos de quinto grado, repercutiendo favorablemente en su desempeño y en el despliegue de sus competencias históricas.

En el trabajo docente se desplegaron además otras competencias profesionales relacionadas a la planificación y promoción del aprendizaje así como a la evaluación educativa. De forma general, al estar en contacto directo con el entorno escolar y social que engloba la escuela, se adentró más en el campo de la intervención colaborativa con la comunidad, padres de familia, autoridades y docentes en el desarrollo de alternativas de solución a problemáticas socioeducativas que enfrenta actualmente la institución.

Se invita a los docentes a reflexionar sobre las posibilidades pedagógicas que se abren con la aplicación de las TIC en el aula. Es fundamental que sea la escuela quien promueva prácticas innovadoras que sean acordes al mundo digitalizado en que se vive, y que las relaciones que se entablen con las TIC permitan a los alumnos desarrollar su capacidad para aprender a aprender, para buscar información de forma selectiva y para establecer posiciones críticas ante ella.

Como formadores, resulta primordial que no solo se pretenda integrar las TIC en el proceso educativo para potenciar aprendizajes, sino también insistir en el fortalecimiento de valores que permitan a los niños utilizar con conciencia los adelantos tecnológicos a su alrededor y redirigirlos siempre hacia fines positivos.

Referencias

Astorga, A., Van der Bijl, B. (1991) "Los pasos del diagnóstico participativo", en: *Manual de Diagnóstico participativo*. Humanitas, Buenos Aires, 1991. Pp.63-85.

Bixio, C. (2006). "Nuevas perspectivas didácticas en el aula" en Boggino, N. (comp.) (2006) *Aprendizaje y nuevas perspectivas didácticas en el aula*. Rosario: Homo Sapiens. Argentina.

Crispín, M. L., Doria, M. C., Rivera, A., De la Garza, M. T., Carrillo, S., Guerrero, L., et al. (2011). *Aprendizaje autónomo. Orientaciones para la docencia*. Universidad Iberoamericana AC, México, DF.

García-Cabrero Cabrero, B., Loredo, J. y Carranza, G. (2008). Análisis de la práctica educativa de los docentes: pensamiento, interacción y reflexión. Revista Electrónica de Investigación Educativa, Especial. Recuperado de: http://redie.uabc.mx/NumEsp1/contenido-garcialoredocarranza.html

Meece, Judith (2000), "El estudio del desarrollo del niño" y "Factores genéticos y ambientales de la inteligencia", en: Desarrollo del niño y del adolescente. Compendio para educadores, México, SEP/Mc Graw Hill Interamericana, pp. 3-46; 170-178, Biblioteca para la actualización del maestro.

Mercado Cruz, E. (2003) "De estudiante a maestro practicante: los ritos de paso en las prácticas pedagógicas en la escuela normal" Tiempo de Educar, vol. 4, núm. 7, enero-junio, 2003, pp. 121-151, Universidad Autónoma del Estado de México, México. Recuperado de: http://www.redalyc.org/articulo.oa?id=31100705

Posada G. D. M y Taborda Caro, M. A. "Reflexiones sobre la pertinencia de las tareas escolares: acercamientos para futuros estudios". En: Colombia Uni-Pluriversidad ISSN: 1657-4249 ed: Editorial Marín Vieco Ltda. (Medellín) v.12 fasc.N/A p.18 - 45, 2012. Recuperado de: http://aprendeenlinea.udea.edu.co/revistas/index.php/unip/article/viewFile/14433/12669

SEP (2011) Plan de Estudios 2011. Guía para el maestro. Quinto grado.

SEP. (2011). Reforma curricular de la Educación Normal. Documento Base para la consulta Nacional, México, D.F. DGESPE.

Villalobos, J. y Cabrera, C. (2008). "Los docentes y su necesidad de ejercer una práctica reflexiva" Revista de Teoría y Didáctica de las Ciencias Sociales. Mérida-Venezuela. ISSN 1316-9505. Enero-Junio. Nº 14 (2009):139-166

Zabalza, M. Á. (2011). Diarios de clase. Un instrumento de investigación y desarrollo profesional (3º edición) Madrid: Narcea.

Las TIC como apoyo pedagógico en el proceso de enseñanza y aprendizaje en quinto grado.

Apuntes y reflexiones

Mtro. José Francisco Acuña Esquer

A TENDER LAS TENDENCIAS y requerimientos de la era de la información es, claramente, una tarea que coadyuva al desenvolvimiento oportuno de la sociedad actual. En estos tiempos la aparición de tecnología y la velocidad con la que se maneja el conocimiento son elementos trascendentales en la cotidianidad; ante ello las personas deben tener las capacidades y herramientas necesarias para adaptarse y apropiarse de las nuevas formas de interactuar, en la localidad, la nación y a nivel global.

La utilización de la tecnología en la educación, entonces, deja de ser un lujo para convertirse en una necesidad, marcando una realidad que impera a lo largo y ancho del planeta: estamos conectados por un "click"; por ello los procesos educativos en esta época han de saber equilibrarse con las herramientas modernas; no obstante, este equilibrio deberá apuntar más allá del simple hecho de digitalizar el aula con equipamiento y software (aun el llamado software educativo). La inclusión tecnológica verdadera se presentará en la propia intervención docente, misma que requiere llevarse desde el reconocimiento de la tecnología como una oportunidad de acceso y no como un contrincante constante e invencible.

En el informe de práctica "Las TIC como apoyo pedagógico en el proceso de enseñanza y aprendizaje en quinto grado", la docente en formación hace suya una necesidad, propia de la docencia actual; pero además aborda un interés nato en los estudiantes, esto en referencia a la exploración de la tecnología. En este informe es de rescatarse el cúmulo de competencias movilizadas para resolver su dilema sobre cómo utilizar la tecnología para apoyar el aprendizaje de los contenidos históricos.

La propuesta llevada a cabo por la docente en formación alude a un programa de vanguardia a nivel nacional, siendo este "mi Tablet mx", con el que se pretende reducir la brecha digital en las familias mexicanas. En esta experiencia, la autora presenta su dilema a partir de dos vertientes que se han de convertir en su plan de acción: en primera, cómo apoyar al alumno en el reconocimiento y utilización correcta del equipo electrónico y la segunda, cómo encauzar el aprendizaje de hechos históricos por medio de la Tablet mx y su contenido.

Al desarrollar el plan de acción, la docente en formación despliega una amplia gama de saberes y habilidades para la planificación. En este aspecto se resalta la visión de no solo elaborar las secuencias didácticas para las clases, sino la dosificación del tiempo para poder ofertar al alumnado un espacio en el que tuvieron la oportunidad de conocer el software necesario para el desarrollo de diapositivas y textos, conocimiento que en su momento les servirá para el propio proceso de aprendizaje y la presentación de sus trabajos. A tenor, crear este taller da muestra clara de autonomía en el ámbito de la organización del aula, con las competencias profesionales que este conlleva.

Es de notarse la intención de desarrollar trabajo en colaboración, de tal suerte que al estudiante se le facilitara el acceso a la manipulación de los softwares precargados así como la utilización de la Tablet con fines de investigación. En este aspecto se rescata la importancia del trabajo en equipo y la función del docente como facilitador de los aprendizajes; en este sentido, la docente en formación se presenta como una mediadora entre los aprendizajes de los alumnos y el ambiente generado para ello, respondiendo a las diferentes problemáticas que las propias estrategias didácticas y las condiciones del aula o los equipos les presentaron.

Sin lugar a dudas, la competencia "Aplica estrategias de aprendizaje basadas en el uso de las tecnologías de la información y la comunicación de acuerdo con el nivel escolar de los alumnos", a desplegarse por medio de este plan de acción, se vio ampliamente favorecida en la autora; logrando con ello disipar uno de los dilemas que se le presentaron en la conformación de su identidad hacia la profesión docente.

Desarrollo de competencias para la vida utilizando las TIC como herramientas didácticas en educación básica

Isabel Cristina Ayala Salazar

Contexto en el que se realiza la mejora

Intención

EN LA DOCENCIA, es necesario conocer la manera en que aprende el alumnado, no se trata solamente de hacer las cosas por cumplir requisitos, sino de lograr verdaderamente lo que se requiere en cada uno de los educandos que se tienen a cargo. Así, teniendo como referente las condiciones de la sociedad actual, el objetivo principal es que en cada estudiante se logren los aprendizajes esperados, siendo lo más viable y necesario hacerlo utilizando herramientas que verdaderamente llamen su atención.

Para ello es necesario que tanto los maestros como los alumnos se encuentren trabajando en sintonía y es evidente que se debe tener en cuenta qué se espera exactamente de cada uno de los actores de la institución educativa. El compromiso docente es guiarles, para que aquello que ya saben o bien, que necesitan saber, lo puedan aprovechar y sean capaces de desarrollar nuevas formas de pensamiento y acciones que les permitan ser eficientes en el ejercicio de sus actividades escolares, sociales y en un futuro laborales. Lo anterior se logra haciendo un buen uso de las tecnologías que cada vez son más necesarias en la sociedad.

Si bien, existe interés y motivación en la mayoría de los niños de las diferentes escuelas por utilizar recursos tecnológicos en su vida cotidiana, no hay una orientación completa a lo educativo, sino que hacen uso de ellos para entretenimiento, juego y/o diversión; lo que no aprovecha en gran parte de los casos para el aprendizaje. Sin embargo, lo que ya saben y el dominio que en cierta forma tienen, puede ser utilizado tanto dentro del aula como fuera del ámbito escolar para que satisfagan también sus necesidades de conocimiento.

Ese es precisamente el reto, lograr que las alumnas de la Escuela Primaria Álvaro Obregón se inclinen a utilizar las herramientas tecnológicas para apoyo a su aprendizaje, que sepan que hay métodos de hacer que lo que están aprendiendo pueda ser interesante y lo principal: que adquieran conciencia de que estarán preparándose para un futuro en una sociedad demandante, en donde las Tecnologías de la Información y la Comunicación se necesitan cada vez más para suplir múltiples necesidades.

Por tanto, una educación en contexto y sintonía con esta sociedad del conocimiento, es aquella que pone su énfasis en desarrollar en sus aprendices capacidades que les permitan coexistir con los avances de la ciencia y la tecnología; es decir, "una educación que permita desarrollar la adaptación al cambio, así como un aprender que resalte la flexibilidad mental para operar con información abundante y diversa, pues no se puede olvidar que los niños viven inmersos en este mundo" (Sánchez, 2001).

De esa forma no se trata de erradicar que el alumnado utilice los recursos tecnológicos como entretenimiento; la intención es que no se estanquen en eso, sino que conozcan y utilicen para un buen propósito lo que se les ha dado. Además, apoyar de diversas formas a quienes por un motivo u otro no pueden ser asesoradas en casa, para que eso no sea algo que interrumpa el logro de sus aprendizajes.

Contextualización

La escuela Primaria lleva por nombre "General Álvaro Obregón"; se le llamó así en honor a dicho general, por su destacada labor como presidente de la República y héroe de la Revolución mexicana. Esta institución educativa se encuentra ubicada en Navojoa, Sonora, en la colonia Reforma. Se ubica en un contexto urbano, donde el nivel socioeconómico de las familias tiende a ser medio-alto y alto.

La escuela primaria se encuentra participando en el Programa Escuelas de Calidad, cuenta con buena infraestructura, un alto nivel de aprovechamiento y maestros que se ocupan en formar alumnas sobresalientes tanto en nivel académico como personal. Las personas que allí laboran, buscan constantemente apegarse a los reglamentos dictados por la Secretaría de Educación y Cultura y en todos los ámbitos buscan cumplir en la mejor medida posible.

La práctica profesional se llevó a cabo en el grupo de 6° "A", contando con muy buenos elementos; las niñas son educadas mostrando la mayor parte del tiempo una buena disciplina y son eficientes en lo que hacen. Las alumnas presentan diferentes estilos de aprendizaje siendo en su mayoría visuales y auditivas.

Diagnóstico

Para diagnosticar los conocimientos del grupo de sexto grado "A" en cuanto al uso de las TIC, se llevó a cabo la aplicación de algunos instrumentos elaborados por la docente en formación, los cuales consistieron en encuestas que se entregaron tanto a las alumnas, como a la maestra titular y a los padres de familia.

Las respuestas de la maestra titular nos hacen ver que domina de una manera regular las tecnologías, puesto que las utiliza sobre todo para realizar las actividades de la vida cotidiana de manera constante; ha explorado y conoce en cierta forma cómo funciona el equipo "Mi Compu MX", notándose en la inclusión que hace de este en sus planificaciones didácticas. La maestra opina que el uso de las tecnologías favorece el aprendizaje, pues son un conjunto de herramientas que ofrecen grandes posibilidades de adquirir información y ampliar el conocimiento.

Las respuestas proporcionadas por los padres de familia revelaron que de 28 padres, 9 están muy familiarizados con las tecnologías, 6 las conocen de forma regular y 9 las conocen muy poco; los otros 4 padres de familia respondieron que no sabían. Lo anterior quiere decir que hay alumnas a quienes sus padres les pueden brindar mucho apoyo en cuanto a sus tareas, trabajos e investigaciones; pero también que hay otras que conocen más que sus padres y por lo tanto no pueden recibir en casa la ayuda que desearían. Respecto al equipo "Mi Compu Mx" que se les proporcionó a sus hijas, algunos la han explorado y otros no; posiblemente debido a los tiempos que tiene cada padre, puesto que la mayoría trabaja y solamente pasan un breve tiempo por la tarde o noche con sus hijas.

Las alumnas externaron sus opiniones, coincidiendo con sus padres y su maestra en que dominan las tecnologías en lo que hasta ahora conocen.

Esto es posible ya que dentro del aula constantemente están haciendo trabajos en computadora, como por ejemplo exposiciones en diapositivas. Se hace énfasis en decir que "en lo que hasta ahora conocen" puesto que las computadoras tienen muchos recursos con los que la mayoría de las alumnas no han tenido acercamiento, solamente algunas. Según su punto de vista, dominan las tecnologías porque saben utilizar muy bien lo que hasta el momento se les ha presentado.

Respecto a las situaciones de aprendizaje, se puede notar que las alumnas trabajan en mayor orden cuando están solas, pero hacen mejores trabajos cuando están con otra compañera e inclusive en equipos mayores. Como ya se mencionó, las niñas son algunas (la mitad, aproximadamente) de aprendizaje auditivo, lo cual indica también que no siempre están mirando al pizarrón pero se sabe que están atendiendo a las indicaciones, prueba de ello es que realizan las actividades.

Algo que también les llama la atención es el material que se les presenta en el proyector (videos, imágenes, etcétera) y cuando ellas mismas realizan exposiciones. Esto confirma que ya no se manejan tanto las láminas con ellas, aunque no se debe dejar de lado su utilización ya que también resultan necesarias.

Descripción y focalización del dilema

Algo muy importante para lograr los aprendizajes esperados en las alumnas, es el poder adecuar su educación a las exigencias y demandas de la sociedad, por lo cual se considera que el guiarles hacia el uso correcto de los recursos tecnológicos existentes es de mucha utilidad para cumplir con lo necesario, ya que de esa forma se van formando poco a poco en las competencias requeridas y tienen una visión más panorámica, tanto para el estudio como para el resto de sus actividades.

La cuestión aquí es que a su edad ellas saben un poco más de las tecnologías que otros niños, pero no las están utilizando de una buena forma sino que, al contrario, el uso que les dan las están distrayendo en muchos aspectos, tanto para hacer tareas en casa como dentro de la escuela, ya que la cámara, el video, la grabadora de sonido y otros recursos las entretienen mucho.

Por tal motivo, aludiendo a la preparación profesional llevada en la Licenciatura en Educación Primaria, este trabajo se circunscribe al ámbito dos que habla de la organización del ambiente en el aula, ubicando la competencia número cuatro denominada "Usa las TIC como herramienta de enseñanza y aprendizaje"; en donde la unidad de competencia busca aplicar estrategias de aprendizaje basadas en el uso de las Tecnologías de la Información y la Comunicación de acuerdo con el nivel escolar de los alumnos.

El dilema del cual surge el propósito principal es cómo lograr que las estudiantes se inclinen hacia el uso de las tecnologías como herramienta de aprendizaje, a través de la aplicación de estrategias como algo esencial para resolver de manera sencilla y amena las situaciones que subyacen de la vida en sociedad. Esto implica conseguir que ya las tecnologías no sean una distracción y obstrucción para que aprendan, sino todo lo contrario.

Descripción de las actividades de las acciones didácticas como alternativa de solución del dilema

Como alternativa de solución del dilema que se presentó dentro del grupo de práctica, a continuación se propondrán algunas acciones con el fin de mejorar su situación y lograr que las alumnas avancen académicamente siendo competentes en lo que se espera de ellas de acuerdo a su edad y grado de estudios, no sin antes mencionar que previo a ellas se elaboraron como ya es sabido, un propósito general y tres específicos para tener un punto de partida así como para no perder de vista hacia dónde se quiere llegar.

El propósito general del presente trabajo es fomentar en las alumnas el hábito de utilizar las tecnologías correctamente, para que las vean como una oportunidad de facilitar lo que ya están haciendo y no como algo difícil de manejar. Así se logrará un mejor uso y aprovechamiento de las mismas puesto que, conociendo las distintas formas en que se pueden emplear, sabrán que no solamente sirven para jugar; sino que también son útiles para suplir múltiples necesidades.

De manera específica se tienen tres propósitos: 1) generar conciencia de la importancia del uso de las TIC en la vida diaria, informando acerca de la utilidad que pueden llegar a tener si se aprovechan todas las herramientas que ofrece la tecnología; 2) motivar a las alumnas para que busquen, investiguen e indaguen sobre temas de interés, métodos de trabajo y actividades que les gustaría realizar, así como los programas o herramientas que se necesitan para lograrlo y, 3) incluir a las alumnas que presentan barreras acerca del uso de las TIC para que trabajen en conjunto con sus compañeras en diversas situaciones.

ACCIÓN 2: Recolección de evidencias de trabajos utilizando las tecnologías.

Es importante que las alumnas conozcan que pueden explotar lo que ya tienen y lo utilicen para mejorar sus actividades académicas haciéndolas más prácticas. "Lo esencial es incorporar las TIC a la educación escolar con el fin de hacer más eficientes y productivos los procesos de enseñanza y aprendizaje, aprovechando los recursos y posibilidades que ofrecen estas tecnologías" (Coll, 2008). Es por esto que la escuela forma para la vida, brindándoles el uso eficiente de herramientas conocidas, pero sin olvidar el desarrollo cognitivo de los alumnos.

La acción se implementará dentro del campo formativo Lenguaje y comunicación, en la asignatura de Español; la práctica social del lenguaje que se trabajará será "Adaptar un cuento como obra de teatro" y corresponde al tercer bimestre, a aplicarse el día viernes 6 de febrero. Como propósito de la temática se busca que las alumnas sean capaces de leer, comprender, emplear, reflexionar e interesarse en diversos tipos de texto, con el fin de ampliar sus conocimientos y lograr sus objetivos personales. De la misma forma, utilizar las herramientas tecnológicas para apreciar y evaluar sus aprendizajes.

Los recursos didácticos que se utilizarán en esta sesión de clase serán, en primer lugar, los cuentos que se adaptarán como obras, computadora para llevar a cabo la redacción de los guiones una vez que los cuentos se hayan convertido, celular o tablet para tomar fotografías y videos cuando se estén presentando las obras de teatro, así como proyector que servirá para presentar ante el grupo los productos finales.

Dentro de los aprendizajes esperados se encuentra que el alumno reconozca la estructura de las obras de teatro y la manera en que se distinguen de los cuentos, utilice verbos para introducir el discurso indirecto en narraciones y acotaciones, haga uso de signos de interrogación y exclamación así como de las mismas acotaciones para mostrar la entonación en la dramatización y que de la misma forma pueda interpretar adecuadamente un texto al leerlo en voz alta.

Se busca dentro de las competencias a favorecer, que se emplee el lenguaje para comunicarse y como instrumento para aprender, se identifiquen las propiedades del lenguaje en diversas situaciones comunicativas, se analice la información y emplee el lenguaje para la toma de decisiones, así como el valorar la diversidad lingüística y cultural de México. Los modelos de equipamiento serán el 1-1 y el 1-3; el primero definido como aquél en el cual un alumno utiliza un equipo de cómputo, y el segundo se entiende como el que se utiliza para el trabajo en equipo, mediante el cual los alumnos aprenden de manera colaborativa utilizando para todos un solo equipo (SEP, 2012).

La utilización de las herramientas tecnológicas de recolección de evidencias será al final de la sesión de clase, aunque cabe mencionar que en la redacción del guion teatral ya se estarán utilizando las TIC. Por lo anterior, se realizarán algunas actividades previas a la grabación de la obra. Para iniciar, se activarán conocimientos previos de forma grupal mediante una lluvia de ideas en el pizarrón que constará de un cuadro de dos columnas; una con las características de los cuentos y otra con las de las obras de teatro para que las alumnas sepan que no son lo mismo y puedan diferenciar uno del otro.

Asimismo en plenaria comentarán las siguientes preguntas: ¿Qué diferencias existen entre leer una obra de teatro y un cuento?, ¿Cómo se caracterizan los personajes en cada tipo de texto?, ¿Cómo está organizada la información en cada uno de ellos?, ¿Cómo saben los actores de la obra de teatro lo que tienen que hacer? Posteriormente utilizando la técnica de "lectura robada" (en donde empieza leyendo un alumno y cuando llegue hasta el primer punto, otro continúa leyendo, robándole su participación) se dará lectura a la obra de teatro "La cena de Azucena" en las páginas 98 y 99 de su libro de texto.

Después de haber leído la obra, se reunirán en parejas por afinidad para elaborar en Word mediante el monitoreo de la maestra, un Smart Art de hexágonos alternados con las respuestas que surjan de las preguntas de la página 100 del libro de texto en donde, entre otras cosas se cuestiona: ¿Cuál es la posición del narrador?, ¿Dónde se encuentra?, ¿Qué características tienen los personajes?, ¿Cómo es el ambiente en el que se desarrolla la historia?, una vez terminada la actividad, pasarán al frente a proyectar su esquema, utilizando el proyector.

Como asignación, para profundizar en el contenido se les solicitará entrar al portal primaria TIC en http://basica.primariatic.sep.gob.

mx, anotando en el buscador la palabra "teatro" en donde encontrarán información extra que les ayudará a comprender mejor el tema abordado, así como investigar en internet cuáles son las características de las obras de teatro y de los cuentos.

En la sesión 2 recordarán lo visto en la sesión anterior, comentarán además lo que aprendieron después de haber visitado la página de internet propuesta, asimismo entregarán su tarea para, seguido de ello, participar comentando las características de las obras de teatro y de los cuentos. Si hay alguna característica que ellas no tengan, la anotarán en su cuaderno junto con las demás, para complementar y enriquecer sus conocimientos.

Leerán con atención el cuento "El Zagalillo" de la página 101 de su libro de texto y comentarán con el grupo las preguntas de la página 102 donde, entre otras, se incluyen las siguientes: ¿Creen que las preguntas son lógicas? A partir de esas preguntas, ¿Es posible encontrar las respuestas?, ¿Por qué se consideraron correctas las respuestas?, ¿Por qué se decía que el chiquillo era muy certero al responder?

Una vez respondidas las preguntas de manera grupal, se formarán en sus equipos de trabajo para elaborar en la computadora un cuadro con semejanzas y diferencias entre la presentación de una historia en un cuento y en una obra de teatro considerando elementos tales como: de qué manera se indican las acciones y diálogos, presentación de los personajes, cómo se muestra el lugar donde suceden los hechos y cómo se denominan las partes de que se compone el texto. Finalmente, comentarán de manera voluntaria sus conclusiones y en qué difieren de las primeras ideas que tenían. Se les asignará de tarea que busquen un cuento para adaptarlo como obra de teatro.

En la sesión número 3, después de llevar a cabo la actividad permanente de inicio "Te regalo un lectura", analizarán en plenaria y en base a la tarea que llevaron a cabo, lo que distingue a un cuento de una obra de teatro. Elegirán por equipo uno de los cuentos que encontraron y dividirán su estructura en inicio, desarrollo y cierre; después organizarán la información de cada parte del cuento en un esquema en su cuaderno, tomando en cuenta los siguientes elementos: personajes de la obra, escenario, escena 1 (inicio del cuento), escena 2 (desarrollo del cuento) y escena 3 (cierre del cuento).

Una vez dividido el cuento, lo intercambiarán con otro equipo para que les hagan observaciones. De la misma forma, realizarán la actividad para el "Fichero del saber" en donde trata del discurso indirecto que utiliza el narrador en la obra de teatro para explicar qué hacen los personajes. Las alumnas revisarán los textos leídos y señalarán en ellos las partes donde se utiliza el discurso indirecto, después consultarán cuál es la diferencia entre este y el discurso directo para anotarlo en una ficha, agregando también algunos ejemplos. Posteriormente la guardarán en el Fichero que tienen dentro del aula.

En la penúltima sesión que será la 4, recordarán lo realizado en la clase anterior y se reunirán por equipos para pasar su escrito a la computadora en un documento de texto, haciendo las correcciones necesarias. Distribuirán los papeles y lo requerido para llevar a cabo la representación de su obra revisando los últimos detalles para, en la siguiente sesión, presentarla ante el grupo. Ensayarán su obra cuidando que la entonación de los diálogos sea adecuada y, si es necesario realicen adecuaciones de volumen, entonación y fluidez. Para la siguiente clase llevarán por equipos: celular, tablet o laptop para grabar las presentaciones de sus compañeras.

El día de la presentación de los cuentos adaptados como obras de teatro, se llevará a cabo la actividad permanente, en seguida pasará una representante de cada equipo a sacar un papelito para conocer el orden en que les tocará participar. Se les dará un breve tiempo para que preparen el escenario que se utilizará para realizar su obra de teatro y para que adquieran la caracterización del personaje al que le darán vida, cuidando los detalles que les apoyen a darle realismo.

Cuando ya estén listos los equipos, pasarán en el orden que les toque presentar su obra; el equipo no podrá grabarse a sí mismo puesto que las alumnas estarán ocupadas actuando; pero mientras una representante de cada uno de los otros equipos se encuentre grabando el video, el resto del equipo coevaluará. Para ello se les entregará una hoja de coevaluación en donde estarán anotados los equipos y los aspectos a evaluar, con sus respectivos puntajes de acuerdo al trabajo que lleven a cabo. Al igual que en la grabación, ningún equipo podrá evaluarse a sí mismo, solamente a los demás.

A manera de cierre de sesión, cuando terminen de hacer sus presentaciones comentarán las dificultades que tuvieron para presentar sus obras, qué fue lo que aprendieron, qué fue lo que más les gustó, y de la misma forma redactarán su comentario final o conclusión. Al otro día, se pasarán por Bluetooth entre equipos, los videos correspondientes a la obra de teatro que cada uno hizo. Posteriormente cuando cada uno tenga en su poder su respectivo video, lo reproducirá y realizará capturas de pantallas de los momentos que más les hayan gustado. Con las imágenes resultantes, elaborarán en base a su creatividad un collage por equipos, utilizando el programa de su preferencia.

Cuando terminen, subirán al blog su collage junto con el video de la obra que hicieron y por último abrirán su libro de Español en la página 109 para llevar a cabo una autoevaluación en donde, de manera personal cada una de las alumnas después de leer los aspectos que allí se presentan, marcará con una palomita la opción con la que esté más de acuerdo; es decir, con la que mejor se identifique.

Se evaluará el trabajo individual y en equipo por parte de cada una de las alumnas, las grabaciones que hayan hecho al resto de los equipos, calidad de escenografía y creatividad, la representación de las obras (dominio del diálogo, vestuario, disciplina, respeto, tolerancia), la coevaluación que realice cada equipo a los demás y por último la autoevaluación realizada en el libro (Plan de estudios SEP, 2011). De tal actividad resultarán evidencias como: Smart Art de hexágonos alternados, guion teatral, videos, fotos (capturas de pantalla), coevaluaciones, autoevaluación (en el libro), collage y un comentario final en hojas blancas.

Desarrollo, reflexión y evaluación de la propuesta de mejora

ACCIÓN 2: Recolecten evidencias de sus trabajos utilizando las tecnologías.

La acción de recolección de evidencias se implementó durante el tercer bloque, la primer semana del mes de febrero en la asignatura de Español. La realización fue dentro del aula de clases del mismo grupo participando la totalidad de alumnas así como la docente en formación. Se utilizaron diferentes tipos de cámaras que las alumnas mismas llevaron (celular, tablet, cámara digital), escenografía, vestuarios y los guiones de teatro que previamente fueron elaborados por ellas.

La acción se ideó mediante la observación realizada a las alumnas durante el diagnóstico llevado a cabo a principios del ciclo escolar a través del cual se obtuvo noción de que las alumnas no sabían en sí el gran auge que tienen hoy en día las evidencias digitales; esto porque solamente utilizaban los celulares para tomar fotografías personales y subirlas a las redes sociales sin encontrarle alguna otra utilidad en primera instancia.

Cuando las personas desconocen la totalidad de funciones que tiene una herramienta, tienden a utilizar solo la más conocida, ignorando que en muchos sentidos algunas de las cosas que desarrollan podrían ser más significativas si lo hicieran de otra manera. Anteriormente los recursos se utilizaban con la única finalidad de volver a recordar lo que se vivió en determinado momento, con el simple hecho de observar una fotografía, un video y/o escuchar un audio.

En la era actual su utilidad ya no es solo esa, ahora una fotografía puede ser vendida en millones de dólares dependiendo del contenido que en ella se encuentre, puesto que es evidencia de algo importante. Así pues, se debe enseñar al alumnado la importancia que retoman estas herramientas para su formación; es decir, que si supieran utilizar todo eso de una forma eficiente y sencilla no se complicarían tanto la vida en muchas de sus actividades.

Además que los alumnos tengan esas nociones ayuda a los docentes en lo que respecta a la evaluación ya que, si se deja por ejemplo al alumno realizar un experimento sencillo en casa, en donde no se encuentra el maestro, este para comprobarle que sí lo hizo, le muestra fotografías de los pasos que siguió en su trabajo. La idea es que muchas de las cosas que se dejaron de hacer se pueden retomar echando solamente una mirada al entorno que nos rodea y tomando de tal lo que puede servir.

Esto además provoca un avance en lo que respecta a la manera de aprender y de enseñar, porque ya no solamente las evidencias son en el cuaderno y en el libro, sino que hay muchas otras formas de llevarlas a cabo para que la evaluación sea diferente haciendo uso como se menciona también de producciones gráficas (Plan de estudios SEP, 2011) como referentes para saber en qué grado y medida el alumno desarrolló competencias, adquirió nuevos aprendizajes o simplemente si fue responsable o no.

Para lograr lo mencionado anteriormente, con la Práctica Social del Lenguaje 8: Adaptar un cuento como obra de teatro, se procedió a guiar a las alumnas al desarrollo de la obra de teatro, desde la identificación de características que distinguían a un cuento de una obra, hasta la elaboración del guion teatral con sus respectivos diálogos, acotaciones y otros elementos. Lo hicieron por equipos, en 5 sesiones de clase y en la última se les pidió que grabaran las obras de cada uno de los equipos de trabajo.

Las estudiantes después de haber terminado de presentar sus obras de teatro, se encargaron de recuperar cada equipo su video correspondiente y realizaron capturas de pantalla del mismo en los celulares y tablets para finalmente con las fotografías que resultaron de dichas obras, realizar un collage fotográfico de los distintos momentos, el cual se entregó a la maestra para ser evaluado. Se pudo notar cómo a medida que se avanzó en las actividades, las alumnas aprendieron a trabajar todas al mismo ritmo y a preguntar cuando tenían dudas en cuanto a la clase o a la manera de desarrollar las distintas tareas propuestas por la docente tanto de forma individual como cuando trabajaron en conjunto.

Como mejora en el desarrollo de acciones de este tipo se propone que las alumnas las trabajen más, lograr que se apropien de lo que hayan aprendido y lo pongan en práctica en las diversas actividades que se hacen día con día dentro del aula para que lo vean aún más todavía como algo natural en sus procesos de aprendizaje. Además que la maestra sea guía para las alumnas en cuanto a la forma de enseñarles cómo trabajar con las evidencias de una forma más correcta, eficiente y productiva. Asimismo aprendan a integrar los recursos resultantes de determinadas actividades en donde hayan grabado video o audio, tomado fotografías, etc., a sus trabajos cotidianos para hacer uso de una manera distinta de enriquecer las producciones tanto individuales como colectivas.

Conclusiones y recomendaciones

La propuesta elaborada para demostrar la competencia sobre el uso de las TIC fue tomando forma a lo largo de la realización de las diferentes actividades que llevaron a corroborar su importancia dentro del ámbito educativo. No obstante, sin dejar lugar a dudas, con lo que se llevó a cabo a lo largo del periodo de aplicación se observó un cambio tanto en los padres de familia como en las alumnas que fueron parte elemental del presente trabajo.

En el dilema generado al principio de la intervención influían factores diversos; en primer lugar se encontraban las alumnas como centro y referente del aprendizaje que era necesario posibilitar y facilitar de manera alguna; para eso se debía primero quitar la idea de sus mentes de que las cosas eran desechables y objetos de juego, puesto que al tener en frente un computador u otro objeto de "entretenimiento" debían tomar la decisión de utilizarlos para actividades productivas.

El nivel de efectividad que se tuvo durante el trabajo en el grupo de sexto grado, se midió mediante la elaboración y aplicación de un instrumento en torno a los aspectos más importantes a destacar de cada una de las estrategias aplicadas. Los resultados arrojaron un nivel satisfactorio de competencias adquiridas por las alumnas en cuanto al uso de las herramientas tecnológicas.

Se recomienda, al estar aplicando las distintas estrategias hacer un balance entre lo que se asigna de tarea (para práctica en casa) con lo que se realiza dentro del aula, por dos razones que se contraponen: en primer lugar, si en casa no aplica con actividades cotidianas lo aprendido en la escuela, de poco servirá enseñarles a hacerlo, puesto que por medio de la práctica es como consolidan los conocimientos y cambian los hábitos no tan buenos por otros que sí les beneficien.

En segundo lugar si todo lo hacen dentro del salón de clase, es muy fácil que se hagan dependientes de los demás, aunque no estén trabajando siempre en equipo; lo que se busca es la autonomía del alumno para que de esa forma sea capaz de responder ante diversas situaciones por sí mismo. El estar monitoreando constantemente los avances individuales también es de gran ayuda, puesto que arroja resultados más claros sobre los aciertos que se están teniendo y también en dónde es necesario ser mejor o cambiar la forma de trabajo.

Las Tecnologías de la Información y la Comunicación son una rama de conocimientos que aún no se terminan de descubrir, puesto que van avanzando cada día conforme a las necesidades que surgen continuamente en el ser humano. Así como las TIC van cambiando diariamente, también la forma de trabajo del docente debe ser actualizada para suplir las necesidades de conocimiento que tienen los alumnos, no olvidando que vivimos en la era de la información y el conocimiento, por tanto la escuela debe ser competente al saber adaptarse y adecuar la educación a los tiempos, los contextos y a las personas.

Referencias

Coll, C. (2008) *Aprender y enseñar con las TIC: expectativas, realidad y potencialidades*. (pp. 18) Recuperado de: http://bibliotecadigital.educ.ar/uploads/contents/aprender_y_ensenar_con_tic0.pdf

Sánchez, J. (2001). *Aprendizaje visible. Tecnología invisible*. Santiago de Chile- Chile. Ediciones. Dolmen.

SEP, (2011) *Plan de estudios 2011. Educación Básica,* México.

SEP, (2012) *Libro Blanco. Programa: Habilidades digitales para todos*. Recuperado de: http://sep.gob.mx/work/models/sep1/Resource/2959/5/images/LB%20HDT.pdf

Desarrollo de competencias para la vida utilizando las TIC como herramientas didácticas en educación básica

Apuntes y reflexiones

Dr. Rubayyath Gildebardo Escamilla Flores

LA DOCENCIA, AL igual que el resto de las disciplinas y áreas que el ser humano desarrolla, se va transformando día con día y evolucionando con el paso del tiempo; en este sentido, es importante que el maestro reflexione sobre el quehacer de su práctica, que haga una pausa y analice a detalle su actuar tanto dentro como fuera de la escuela para alcanzar niveles superiores de calidad educativa en el aprendizaje de sus alumnos. ¿Quién más que sus educandos estarán agradecidos en un futuro mediato de lo que puedan lograr juntos maestro – alumno para desarrollar en ellos competencias para la vida, las cuales les den las herramientas necesarias para salir abantes ante cualquier problemática que se les presente en la vida cotidiana y escolar?

Es por ello que este tipo de trabajo crítico–reflexivo que hacen los futuros docentes en su último semestre de estudios en la Escuela Normal, fortalece y enriquece la formación que han obtenido durante siete semestres arduos de labor constante, haciendo hincapié en la mejora continua de su práctica educativa con los niños en las escuelas primarias.

En ese cambio evolutivo que se ha mencionado de la práctica educativa que está viviendo el maestro de educación básica y los alumnos normalistas en la antesala de su profesión, está inmerso el uso de las Tecnologías de la Información y la Comunicación (TIC'S) adaptadas a la educación, las cuales servirán de plataforma para que los maestros aprovechen todas las potencialidades que generan este tipo de herramientas y las apliquen en el ámbito educativo.

Como se pudo observar, en el caso al que hago mención en esta reflexión, la alumna en formación logró cambiar la mentalidad de las estudiantes de su grupo en la escuela primaria sobre cómo la tecnología puede ser utilizada con fines académicos, didácticos y reflexivos, no solo para el entretenimiento, para pasar el tiempo o en ratos de ocio; asimismo los padres de familia se dieron cuenta que a través de las TIC'S sus hijos pueden desarrollar un sinfín de habilidades, destrezas, valores y competencias que desconocían que eran capaces de hacer, interesándose cada vez más en la educación que reciben en la escuela y cómo ellos pueden en casa reforzar el contenido y apoyar directamente en las actividades que el docente deje extra clase.

Inclusive, algo que llamó la atención fue cómo los mismos maestros titulares de esa escuela primaria, al ver los resultados positivos que obtuvo con sus alumnas de sexto grado, se empezaron a interesar en el uso de las TIC'S para aplicarlas en sus propios grupos, solicitando sugerencias, estrategias y software diverso a la alumna practicante para desarrollarlas a lo largo del ciclo escolar.

El docente sea en formación o titular, debe reflexionar al final de cada periodo si su práctica fue efectiva; dicha reflexión permite analizar si se tienen áreas de oportunidad las cuales hay que revertir o fortalezas que hay que consolidar, difundir, y compartir. Por ello, considero que la reforma educativa 2012 en los Planes y programas de Estudio de las EN trajo consigo una fortaleza muy grande, la de permitir al alumno a través de su Informe de Práctica Docente conocer, investigar y examinar su propia práctica sobre las competencias profesionales adquiridas a lo largo de su formación para afianzarlas y cumplir con los Rasgos de Perfil de Egreso que la sociedad actual demanda de sus maestros, con el fin de tener mejor calidad educativa, mejores ciudadanos y un mejor México donde vivir.

Desarrollo de habilidades comunicativas con padres de familia en un grupo de educación preescolar

Stephanie Ríos Parra

Contexto en el que se realiza la mejora

Intención

LA EDUCACIÓN ES el proceso de socialización y adquisición de conocimientos, valores, costumbres, formas de actuar de los individuos, lo cual implica conciencia cultural, y conductual donde las nuevas generaciones van aportando un enriquecimiento para engrandecer los pueblos, transformando la vida del hombre y de la sociedad misma.

El objetivo principal del presente informe fue realizar una labor comunicativa eficaz con los padres de familia inmersos en la institución educativa seleccionada con anterioridad, partiendo del contexto, ideando estrategias y acciones que permitieron trabajar en el desarrollo de ciertas habilidades, las cuales al iniciar eran escasas, pero con investigación e implementación de lo aprendido se fue apropiando de ellas.

Diagnóstico

La comunicación mediante el diálogo personal entre padres de familia y docentes es de suma importancia para las prácticas educativas, pues de esta manera se complementa la enseñanza, al ir encaminados tanto familia como escuela se llega a una mejora del aprendizaje significativo por parte del alumno, siendo este el personaje principal de la conversación y de quien se busca un enriquecimiento intelectual, así se inicia una buena relación entre docentes, padres de familia y alumnos donde debe prevalecer la confianza, el respeto y la honestidad, siempre con la finalidad de ir fortaleciendo los conocimientos que continuamente se están forjando en el infante.

Para propiciar el logro de una comunicación adecuada es necesario tener el lenguaje claro y apropiado entre docente y padres de familia siendo este el medio principal y natural del diálogo, en el libro "La lengua y el lenguaje" de Miretti (2003) se argumenta que "en torno a él se va estructurando una sociedad, ya que es el medio idóneo para la comunicación humana; instrumento, herramienta o vehículo[…], a través de elementos lingüísticos y paralingüísticos podemos comunicar algo a alguien, en un momento determinado" (p. 29).

Asimismo, involucrar a los padres de familia en las actividades escolares y extraescolares del jardín de niños genera un enriquecimiento intelectual sumamente significativo y motivador en el infante, promoviendo sus logros académicos y el sentirse apoyado en todo momento por docentes y familia. Es necesario mencionar que la comunicación entre maestros y padres es un ejemplo de relaciones positivas y favorables que el niño puede llegar a imitar y a reconocer cómo es que el diálogo ayuda en situaciones variadas siempre con un propósito de mejora.

Los padres y familias que interactúan en la institución escolar con la finalidad de involucrarse en la enseñanza de sus hijos ayudan no solo al educando, sino también a la labor docente; cuando se presenta alguna necesidad educativa en el alumno la comunicación y la relación establecida maestro-padre ayuda a vencer la barrera cognitiva que se puede estar presentando con el apoyo de los dos agentes educativos durante el desarrollo intelectual infantil.

Del mismo modo, el educando se convierte en un ser social y comunicativamente activo al seguir el ejemplo de interacción y comunicación que se genera entre sus padres y docentes, tanto dentro como fuera del aula o del jardín de niños, lo anterior conlleva a una buena relación, un ambiente de paz, tranquilidad y deseo de aprender por medio de la participación en actividades guiadas y propicias que involucran a las personas que lo rodean, siendo él el centro de atención de quien se desea elevar su nivel social, emocional y cognitivo.

No obstante, la comunicación constante que se da con los padres de familia no solo cumple con la función de relacionamiento y mejora del rendimiento laboral e intelectual de los pequeños, sino también en conocer sobre las conductas positivas, o por lo contrario, negativas, e inquietudes que se pueden estar manifestando en ellos y cómo trabajar colaborativamente para dar una solución efectiva hacia la actitud presentada por el trabajo y las relaciones interpersonales de los educandos para así lograr una educación de calidad, significativa y que sea aplicable en la vida diaria.

Por otra parte, la relación con los padres de familia puede ser positiva o negativa al no darse el trato constante o el diálogo comunicativo, ya sea por falta de interés, apatía o por escasa habilidad comunicativa de quien redacta, pues en ocasiones resulta un poco intimidante dirigirse hacia las personas mayores a quienes se les debe respeto por ética, generando así exclusión, y que los padres no se involucren en las actividades educativas y sociales de sus hijos dentro del aula o plantel educativo, del mismo modo se limita el avance personal que demuestran los niños fuera del aula.

Ante la situación planteada, González y Flores (2005) afirman "mejorar la calidad de la enseñanza-aprendizaje requiere que los docentes seamos personas pensantes y comprometidas con la educación misma [...] y con la evolución de los procesos sociales (cambios de la sociedad y cultura)" (p. 17). Tomando en cuenta que no todos los padres de familia tienen la misma facilidad de socialización, debo encontrar la manera para iniciar el proceso de acercamiento, logrando la comunicación adecuada entre ellos.

Ante todo, una vez lograda la comunicación con los padres de familia es importante mantenerla, cuidarla y cultivarla, lo cual también puede resultar un tanto complicado cuando no se tiene la seguridad personal suficiente, o las palabras exactas para propiciar el diálogo adecuado que incite a la confianza hacia ellos. Resulta oportuno señalar la relevancia que tiene el hecho de que la familia deba mantenerse inmersa durante el trayecto escolar, pues hay que trabajar en conjunto donde se brinda la escolarización del infante dando parte no solo de las limitaciones o barreras de aprendizaje que es cuando más se solicita el diálogo con los padres, sino también de los avances y logros académicos que el niño en edad preescolar como individuo único posee.

En relación con este último, la SEP (2011) en el perfil de egreso argumenta que el docente debe intervenir de manera colaborativa con la comunidad escolar, padres de familia, autoridades y docentes, en la toma de decisiones y en el desarrollo de alternativas de solución a problemáticas socioeducativas, diseñar proyectos de trabajo vinculando las necesidades del entorno y la institución, evaluar avances de los procesos de intervención e informar a la comunidad de los resultados, debe aplicar sus habilidades comunicativas en diversos contextos expresándose adecuadamente de manera oral y escrita en su propia lengua y argumentar con claridad y congruencia sus ideas para interactuar.

Posteriormente, puedo notar que hay áreas de oportunidad para la comunicación con los padres de familia, pues es ahí donde está fallando el diálogo constante o adecuado que genere el interés de intervención por parte de ellos ante las actividades efectuadas en el grupo donde se está desarrollando la práctica profesional, lo que implica que no se lleve a cabo la vinculación entre maestra y progenitor, por lo tanto, no se está trabajando a la par y el apoyo esperado es poco notorio, lo que provoca que no se den los resultados esperados en las actividades planeadas y desarrolladas para trabajar con los alumnos.

Prospectivamente, se puede aludir que lo detallado tiene veracidad pues se han realizado observaciones verbales y escritas en el diario de trabajo desde jornadas pasadas por parte de la educadora y titular del grupo de 3° "A" y evaluación con reactivos de las competencias profesionales y genéricas, haciendo mención a la falta de trato y comunicación personal con padres de familia; por escrito hay acercamiento con ellos a través de las tareas y avisos, pero también importante es el diálogo para invitarlos a participar, trabajar en conjunto, generar un ambiente agradable, sobre todo, la confianza que debe prevalecer.

Cabe agregar que esta situación se ha presentando en prácticas realizadas en jardines anteriores durante el transcurso de mi formación docente y en distintos contextos; lo anterior lo atestiguan la observación de maestros titulares, así como una autoevaluación en base a las competencias genéricas y profesionales donde se reconoce la ausencia de dominio de comunicación.

A través del Programa de Estudio 2011 pude identificar áreas de oportunidad que es importante aprovechar para dar sentido a los esfuerzos acumulados y encauzar positivamente el ánimo de cambio y de mejora continua con el que convergen en la educación las maestras y los maestros, las madres y los padres de familia, las y los estudiantes, y una comunidad académica y social realmente interesada en la Educación Básica (p. 11).

Es evidente entonces que es necesario trabajar en el desenvolvimiento, seguridad y dominio del lenguaje oral para facilitar la comunicación con los padres de familia, así se mejorará la relación padre-docente haciendo que las prácticas profesionales sean más productivas, pero sobre todo, más significativas en el desarrollo intelectual del niño, así también, al llevar un buen trato se realiza el trabajo vinculado con el objetivo de mejorar el aprendizaje infantil prevaleciendo, sobre todo, la confianza, el tacto pedagógico y la comunicación asertiva que mejorará en todos los aspectos en el desempeño laboral docente.

Descripción y focalización del dilema

El llevar una buena relación, comunicación y el trabajo con el apoyo de los progenitores de los infantes es de suma importancia para la práctica docente, una de las competencias genéricas que un profesionista debe dominar según se marca en la Dirección General de la Educación Superior para Profesionales de la Educación (DGESPE) dice que el docente debe ser capaz de aplicar sus habilidades comunicativas en diversos contextos expresándose adecuadamente de manera oral y escrita en su propia lengua y argumentar con claridad y congruencia sus ideas para interactuar.

Del mismo modo, el docente debe poder intervenir de manera colaborativa con la comunidad escolar, padres de familia y autoridades en la toma de decisiones y en el desarrollo de alternativas de solución a problemáticas socioeducativas, siendo esta una de las competencias profesionales de la licenciatura en Educación Preescolar y a la vez está como sexto ámbito de la profesión docente donde se marca la vinculación con la institución y el entorno; es necesario diseñar estrategias que fomenten la comunicación con los padres y, de esta manera, mejorarla paulatinamente.

Cabe mencionar que los principios pedagógicos manejados por la Secretaría de Educación Pública (SEP) "Son condiciones esenciales para la implementación del currículo, la transformación de la práctica docente, el logro de los aprendizajes y la mejora de la calidad educativa" (2011, p. 27) a tenor, el número 10 argumenta que "Se requiere renovar el pacto entre los diversos actores educativos, con el fin de promover normas que regulen la convivencia diaria, establezcan vínculos entre los derechos y las responsabilidades, y delimiten el ejercicio del poder y de la autoridad en la escuela con la participación de la familia" (p. 36).

Descripción de las actividades de las acciones didácticas como alternativa de solución del dilema

Estrategia "Diálogo con los padres de familia"

El diálogo es una herramienta fundamental para la comunicación entre pares que es lo que se pretende favorecer mediante las estrategias que a continuación se van a presentar. Esto es algo que se debe de dar utilizando un lenguaje claro y preciso mediante el cual se da de una manera objetiva la interacción del emisor y receptor; cabe mencionar que debe ser constante y permanente siempre con un motivo y una finalidad. Con la información recabada de las lecturas analizadas es posible llegar a manejar una comunicación propia de cordialidad, objetiva, funcional y adecuada en el sentido de realizarla y recibirla. Como propósito general se planteó reconstruir la comunicación entre padres de familia y docente.

Acción 1: "Acercamiento con los padres de familia"

Propósito específico: Establecer interacción con los padres de familia. Se considera una tarea indispensable el interactuar con los padres de familia, un buen momento será antes de iniciar la jornada de trabajo y al concluir la misma, pues se tendrá la oportunidad de entregar a los infantes aprovechando para comunicarles indicaciones y dar a conocer cómo fue el aprovechamiento, actitud y lo que aconteció con su hijo durante la mañana.

La intención es poder entablar una comunicación eficaz con los padres de familia de manera continua para reconocer avances que se están presentando en los educandos y reforzar las relaciones interpersonales entre ambos. Esta situación se realizará del seis de enero al ocho de mayo del año 2015, llevándose a cabo diariamente; como evaluación listas de cotejo respondidas por los padres de familia y docente titular del grupo de 3° "A".

Acción 2: "Recibir a los alumnos de mano de los padres de familia o con quien viva el niño (a)"

Propósito específico: Recibir y escuchar recomendaciones por parte de los padres de familia o tutores respecto al estado del infante al ingresar al jardín de niños. Por las mañanas cuando los pequeños lleguen al jardín irán acompañados por sus progenitores o tutores, recibiré a los niños de la mano de ellos al ingresar, realizaré preguntas sobre el estado de ánimo y/o salud del infante, esto dará un clima de confianza entre padres de familia y docente, también realizaré visitas domiciliarias para conocer la opinión y sugerencias de los padres de familia acerca de las actividades programadas en el jardín de niños donde serán partícipes. El tomar en cuenta su opinión enriquecerá las prácticas desarrolladas en el plantel.

Acción 3: "Buscando el apoyo de los padres"

Propósito específico: Involucrar a los padres de familia en las actividades efectuadas en el grupo, comunicándole los aprendizajes que el niño debe adquirir. Se estarán dejando tareas a los infantes donde deberán ser apoyados por sus padres para poder realizarlas y presentarlas a sus compañeros en días siguientes, ya sean exposiciones apoyados de cartulinas, imágenes y letras, algunas tareas de investigación o con la libreta viajera para que los padres se involucren en el trabajo que se estará realizando en el jardín. Para que ellos efectúen de manera correcta lo mencionado anteriormente se explicará de manera general en qué consistirá cada una de las tareas a realizar de manera escrita y verbal, fomentando así la comunicación con los padres de familia.

Esta indicación se llevará a cabo en la salida de clases, hablando de manera general con los padres de familia y en forma individual con quienes tienen múltiples ocupaciones y que por lo regular no son cumplidos con los trabajos solicitados. Para que sean motivados a cumplir se otorgarán estímulos a los alumnos por su trabajo destacado en el aula, lo cual también incentivará a su progenitor.

El buen manejo de la comunicación se verá reflejado en los trabajos de los infantes y desempeño académico del niño y como evidencia habrá trabajos escritos, fotografías y/o grabaciones en el portafolio de trabajo de cada alumno.

Desarrollo, reflexión y evaluación de la propuesta de mejora

Acción 1: "Acercamiento con los padres de familia"

Considerando al diálogo como la herramienta base y fundamental de la comunicación empecé a emplearlo todos los días con los padres de familia a la hora de salida al entregar a los infantes, los primeros días de práctica en el grupo de 3° "A" del Jardín de Niños "Henri Wallon" de Navojoa, Sonora, esta acción la hacía la maestra titular del grupo, pues yo no conocía a los progenitores por lo tanto no identificaba por quién iba y no sabía si esa persona se encontraba en el vale de resguardo; después de un tiempo considerable la maestra solicitó que yo empezara a entregar a los niños, al principio no estaba segura de hacerlo pero ella me alentó diciéndome que necesitaba tener contacto con ellos.

La maestra titular me sugirió que debía comunicarme con los padres de familia aprovechando cualquier oportunidad que diera pie al diálogo entre nosotros, pues notaba esa debilidad en mí, al igual que yo también lo hacía, pues sentía inseguridad al tratar de entablar una conversación con ellos, por lo general me limitaba a solo entregar a sus hijos y responder preguntas triviales.

Por lo tanto me di a la tarea de prepárame y vencer esa inseguridad e intimidación generada al hablar con los padres de familia aunque fuera solo un asunto académico, fue así que a la hora de salida inicié con saludarlos cortésmente y de manera general mencionar los acontecimientos relevantes de la jornada.

De manera individual manejé las situaciones personales de los infantes con el progenitor cuando era necesario, di a conocer las actitudes que presentaron en las actividades desarrolladas en el día, lo que logró y cómo lo hizo. Del mismo modo les comuniqué algunos asuntos relacionados al jardín, comentándoles las novedades que acontecieron en él; de esta manera inicié la relación con los padres de familia, misma que no se limitó a responder sus cuestionamientos, sino que daba una respuesta más amplia de lo que el padre de familia quería saber, esta acción la realicé diariamente, con el paso del tiempo noté una gran mejoría, ahora me puedo acercar a cualquier progenitor y no solo hablarle de cuestiones académicas, sino de aspectos referidos a la organización propia de preescolar.

En el transcurso pude reflexionar que como docente debo tener compromiso con el grupo que estoy trabajando. Es necesario rendir cuentas a los padres de familia y aclarar sus dudas, debía lograr comunicarme con ellos y alcanzar el principio pedagógico de reorientar el liderazgo que la SEP (2011) hace alusión en el Plan de Estudios, que "El liderazgo requiere de la participación activa de estudiantes, docentes, directivos escolares, padres de familia y otros actores, en un clima de respeto, corresponsabilidad, transparencia y rendición de cuentas" (p. 37).

Acción 2: "Recibir a los alumnos de mano de los padres de familia o con quien viva el niño (a)"

Siguiendo con el acercamiento comunicativo con los padres de familia, en la semana de guardia a la hora de entrada me ubicaba en la puerta, a saludar a los presentes y observar que los niños ingresaran al jardín y a sus aulas correspondientes, aunque fue difícil estar al tanto de quiénes entraban y que los educandos se fueran al salón, logré atender a por lo menos dos padres de familia diarios los cuales no eran exclusivos del grupo de 3° "A", quienes me daban indicaciones para comunicarle a la maestra de sus hijos, yo mostraba interés y preguntaba el porqué de la indicación, a qué se debía, qué actitud tenía el niño, cómo poder controlarlo, entre otras.

Asimismo, cuando se acercaba un padre de familia de mi grupo de práctica entonces ahí yo propiciaba la plática preguntando cómo había amanecido el niño y derivado de ello realizaba más preguntas, por ejemplo ¿Cómo sigue de la tos?, ¿Tomó medicamento?, este día ¿Por qué no quiso desayunar?, ¿Qué fue lo que lo hizo enojar?; la conversación debía ser breve, pues en la hora de entrada se genera un caos, debido a que son varios los aspectos que hay que cuidar y cerrar la puerta a la hora indicada sin desatender el grupo, además de estar al pendiente de que los infantes que lleguen después de la hora de entrada sean registrados en la bitácora de retardo por el padre de familia.

Esta acción emprendida durante las cuatro semanas de guardia fue un poco complicada pero aprendí la importancia de conocer el estado en el que llega el infante al jardín, pues de ahí se generan las actitudes y la forma de aprender del niño y quién mejor para darlo a conocer que el padre o el familiar que lo lleva a la hora de entrada, brindándole un clima de confianza para externar el sentir del niño y si se es posible dar una sugerencia sutil de cómo evitar que el pequeño llegue en un estado inconveniente a la institución de acuerdo con Max Van Manen (1998).

A parte de lograr comunicarme con los padres de familia también pude dar una mediación objetiva la cual es importante; a decir del Programa de Estudio y guía para la educadora (SEP, 2011) "La intervención de la educadora es importante, porque la comunicación que establezca con madres y padres de familia puede contribuir a mejorar la convivencia familiar y el trato digno hacia las niñas y los niños" (p. 71).

Para hacer un acercamiento más personal y ganarme la confianza de los progenitores, realicé visitas domiciliarias a las familias que viven cerca del jardín de niños con el motivo de aplicar la entrevista a la comunidad para desarrollar la contextualización del presente trabajo; asimismo acudí a los hogares de dos madres de familia para que me dieran sugerencias para los vestuarios que utilizarían los niños en los distintos festivales, acordando con ellas el día y hora en que pudieran recibirme, me preocupé por llegar puntual, ser agradable y generar un clima de confianza.

Reconozco que aunque antes de ir a efectuar la visita domiciliaria me sentía con nervios, pensaba que no iba a poder desenvolverme o que no podría entablar una comunicación fluida con las mamás, fue todo lo contrario, me sentí muy bien estando en la casa de mis alumnos pues tanto ellos como su familia me dieron un recibimiento muy agradable, y yo estaba más que feliz de poder convivir con ellos en esta forma. Una madre me comentó que su hijo no podía creer que yo iría a su casa y que estaba muy emocionado preguntando a qué hora llegaría su maestra.

Debido a esta acción logré ganarme la confianza de las madres involucradas y romper con la formalidad estricta entre madre y docente, lo cual se vio reflejado en la práctica, ya no solo me veían como la maestra del grupo encargada solo de la enseñanza, sino como alguien con quien podían aclarar dudas, dejándome como aprendizaje que la confianza es muy importante en cualquier ámbito principalmente el escolar donde el diálogo es factor crucial para el aprovechamiento del educando.

Acción 3: "Buscando el apoyo de los padres"

Al inicio de mis prácticas profesionales realizadas en el Jardín de Niños "Henri Wallon" con periodo del seis de enero al ocho de mayo del 2015, trataba de omitir las tareas en el hogar o por lo contrario dejaba asignación solo de llevar algún material que fuera de uso común en la casa. Para cambiar de estrategia, me aventuré a dejar investigaciones donde evidentemente los padres de familia tenían que intervenir para apoyar a sus hijos y prepararlos para exponer, lo cual desarrolla su socialización y seguridad frente a sus semejantes.

Debido a esto, en la hora de salida, estando los padres reunidos y de manera individual di las indicaciones para hacer la tarea, buscar información referente a la temática abordada, les sugerí buscar en internet, estampas, periódicos, revistas lo que ellos conocían, etc., el uso de imágenes o dibujos para que los niños "leyeran" lo que mamá o papá escribiría en su cartulina pero sobre todo, el preparar al infante para la exposición. La primera vez que implementé esta acción fue con el tema de las profesiones y oficios, cada niño debía exponer sobre el trabajo que realizan sus papás, pero la respuesta no fue la que esperaba pues solo nueve de 22 cumplieron, otorgué una estrella como incentivo lo cual también motivó al padre a ser responsable con las tareas o alentarlo a cumplirlas.

Es necesario aclarar que las tareas fueron programadas por quien redacta, con el objetivo de enriquecer la práctica docente, dejar un aprendizaje significativo, involucrar a los padres de familia y comunicarles los objetivos de lo planeado; los mismos padres eran los responsables del cumplimiento y de seguir la indicación recibida o emplear sus técnicas de investigación.

Conforme se fue aplicando nuevamente esta actividad más padres de familia apoyaban a sus hijos en preparar las exposiciones y darnos a conocer los diferentes temas manejados en las distintas secuencias didácticas hasta que se llegó a que la totalidad del grupo cumpliera con la consigna, lo cual agradecí a los padres. En la hora de salida se mostraban fuera del aula las láminas utilizadas y daba a conocer el aprendizaje que los infantes habían desarrollado con su ayuda; la intención era comunicar a todos los involucrados en el proceso educativo la progresión de los aprendizajes que deben lograrse en cada periodo escolar.

La libreta viajera fue un medio muy importante para que el progenitor estuviera al tanto del trabajo dentro del aula y jardín gracias a la narración hecha por su hijo y escrita por él, ya que el pequeño no podía escribir textos tan extensos, requería su ayuda, los infantes se emocionaban mucho por conocer qué había platicado su compañero y quién seguiría de escribir, así como este portador de texto era tan idóneo, también tenía sus contras, pues en ocasiones el niño olvidaba la mochila en el aula o en su casa haciendo que se perdiera la secuencia de los días o solo se limitaba a platicar lo que hizo en el recreo, aunque las instrucciones escritas en la libreta detallaba qué era lo que se iba a plasmar.

Me daba gusto escuchar a las mamás en la hora de entrada cuestionando a sus hijos sobre la información que expondrían ese día; una madre de familia que no había apoyado con dos exposiciones platicó: "mi hija me comentó que están viendo a los animales marinos, que quería hablar de la estrella de mar como su compañera pero yo no sé dónde buscar", a lo cual yo sugerí comprar una estampa en la papelería más cercana, o buscar en los libros que ya no usan sus hijos mayores. Al siguiente día la niña llegó con su cartulina y expuso un poco tímida pero con información muy detallada.

Conclusiones y recomendaciones

El éxito para una comunicación eficaz entre padres de familia y docente requiere de paciencia, respeto, ética, compromiso con el trabajo y la institución educativa donde se labora; abrir parámetros y vencer las barreras personales que erróneamente pudieran estar entorpeciendo las habilidades del docente. Para lograr vencerlos, es necesario mantener constancia en la labor, hacer partícipes a los progenitores en las actividades que se desarrollan en el jardín.

En el perfil de egreso de la SEP 2011 se hace referencia a que el docente debe intervenir colaborativamente con la comunidad escolar, padres de familia, autoridades y docentes, en la toma de decisiones y en el desarrollo de alternativas de solución a problemáticas socioeducativas, diseñar proyectos de trabajo vinculando las necesidades del entorno y la institución, evaluar los avances de los procesos de intervención e informar los resultados, aplicar sus habilidades comunicativas en diversos contextos expresándose adecuadamente de manera oral y escrita en su propia lengua y argumentar con claridad y congruencia sus ideas para interactuar.

Esto me deja que una buena comunicación siempre genera un ambiente de trabajo positivo, actividades retadoras, mejor aprovechamiento escolar, educación de calidad, buenas relaciones interpersonales entre los padres de familia, maestros y alumnos, estos últimos llegan a imitar la relación creada convirtiéndose en seres sociales aprendiendo que el diálogo es indispensable para comunicarse y resolver situaciones que se presentan en la vida cotidiana. Concluyo que el deber del maestro es conocer y aplicar el plan de estudio 2011, los principios pedagógicos, las competencias para la vida, los materiales de apoyo de la educadora, siendo estos las bases para realizar mi trabajo de manera eficaz, adecuada y logrando los propósitos de la educación preescolar.

Referencias

Dirección General de Educación Superior para Profesionales de la Educación (DGESPE). *Perfil de egreso.* [en línea] México, D.F. SEP. 2011 [fecha de consulta: 3 de mayo de 2015]. Disponible en: http://www.dgespe.sep.gob.mx/planes/lepre/perfil_egreso

González, O. & Flores, M. (2005). *El diseño del trabajo docente. En el trabajo docente* (p. 17). México: trillas.

Miretti, María. (2003). *La lengua y el lenguaje. En La lengua oral en la educación inicial* (p. 29). Argentina: HomoSapiens.

Secretaría de Educación Pública. (2011). *Plan de estudios 2011. Educación básica.* (pp. 27, 36, 37, 38). México: comisión nacional de los libros de texto gratuitos.

Secretaría de Educación Pública. (2011). *Programa de estudio 2011 Guía para la Educadora.* (pp. 11, 71, 176) México: comisión nacional de los libros de texto gratuitos.

Secretaría de Educación Pública. (2001). Programa para la Transformación y el Fortalecimiento Académicos de las Escuelas Normales. *Observación* y *Práctica Docente.* México.

Subsecretaría de Servicios Educativos. *Relación entre docentes y padres de familia. El maestro y el desarrollo del niño.* [en línea]. D.F: SEP. 1997. [fecha de consulta: 6 de febrero de 2015]. Disponible en: http://www.conevyt.org.mx/cursos/cursos/edu_hijos/contenido/revista/rev05p39.htm

Van Manen, Max. (1998). *El tacto pedagógico. El significado de la enseñanza pedagógica.* Barcelona: Paidos.

Desarrollo de habilidades comunicativas con padres de familia en un grupo de educación preescolar

Apuntes y reflexiones

Mtra. Blanca Rueda Flores Castro

EL DESARROLLAR LAS habilidades comunicativas con las madres y padres de familia por parte de la docente en formación en un contexto específico, tanto de manera oral y escrita, con claridad y congruencia, fue un gran desafío. Durante el diseño, aplicación y evaluación de las estrategias pudo diferenciar entre el entablar comunicación y solicitar su apoyo en asuntos de orden académico en beneficio de sus hijos.

Su inmersión al jardín de niños brindó la oportunidad de entablar una comunicación eficaz con los padres y madres de familia, así como en la comunidad escolar y localidad, ante ello, movilizó sus saberes en cuanto al aspecto sintomático, metalingüístico, referencial y apelativo del lenguaje. Comprendió que la diversidad está presente y enriquece la vida multiforme de la escuela.

Durante el proceso se percató que acciones tan sencillas como el hecho de recibir a los alumnos de mano de sus progenitores aprovechando ese momento y espacio para iniciar una comunicación dialógica, tendría como resultado el apoyo por parte de ellos hacia las actividades que la misma institución demandó.

Considero que el haberse planteado este dilema, el poder resolverlo, incluso reconstruirlo las veces que fue necesario, tuvo bastantes bondades, como ser humano y licenciada en formación, despertando en ella el anhelo de mejorar su interacción en todas las dimensiones en las que se circunscribe su práctica docente.

Planeación didáctica como elemento para trasformar el quehacer docente en la educación primaria

Regina Yoleth Cárdenas Espinoza

Contexto en el que se realiza la mejora

Intención

ACTUALMENTE LA EDUCACIÓN es vista como un proceso complejo y en evolución debido a las características de una sociedad demandante. Respecto a lo anterior resulta relevante transformar la práctica que lleva a cabo el docente, para responder eficientemente a las necesidades y características de sus alumnos y del contexto al que estos pertenecen. Transformar la labor del maestro se logrará en gran parte por la intervención que este lleve a cabo, ya que esta última le permitirá reflexionar sobre los aciertos o áreas de oportunidad que debe atender para mejorar profesionalmente y resolver situaciones.

La planificación didáctica es un elemento indispensable para llevar a cabo la labor docente, esta requiere ser propia y real ante la situación que se enfrenta. Al momento de elaborarla es necesario que el maestro considere aspectos importantes de sus alumnos como sus características, motivaciones, intereses y necesidades, pues a partir de ello le será posible tomar decisiones en referencia a las estrategias didácticas más adecuadas, los materiales necesarios y la evaluación para llevar a cabo su intervención.

Diagnóstico

A lo largo de las jornadas de observación, ayudantía y práctica docente fue posible dar seguimiento a lo realizado por el grupo de 3° "A" de la escuela primaria "Álvaro Obregón". Esto ha sido elemento clave para detectar algunas dificultades y hacer un análisis sobre las distintas situaciones que se han ido presentando en el aula en cuanto a la elaboración de actividades y los resultados obtenidos de estas. El dilema que ha surgido se relaciona con el diseño de estrategias didácticas que consideren los intereses y motivaciones de las alumnas para contribuir en la construcción del aprendizaje significativo.

Los intereses y motivaciones de las alumnas juegan un papel importante para la organización de las actividades, los resultados que estas reflejen se denotan claramente en los productos elaborados y en la participación en clase. Por tanto el hecho de no considerar sus características en el diseño de la planeación suele ser de poca significatividad para ellas y prefieren otras acciones dentro del aula (jugar, platicar, correr, etc.). La problemática en mención se relaciona estrechamente con la organización (situaciones de aprendizaje en el aula y modalidades de trabajo).

Para constatar lo anterior cabe rescatar la aplicación de instrumentos para recabar información de los participantes activos en el proceso educativo. A las alumnas se les proporcionó el Test de Estilos de Aprendizaje (VAK) de Metts Ralph (Metts, 1999), así como una entrevista con respuestas de opción múltiple, en relación con sus intereses, motivaciones y necesidades hacia la forma de trabajo en el aula, las actividades y las asignaturas. A la docente titular del grupo se le proporcionó un cuestionario de preguntas abiertas y de opción múltiple, en cuanto a la atención que brinda en clase y algunas opiniones en referencia al trabajo en el aula.

La aplicación de los instrumentos se llevó a cabo el mismo día a todos los participantes. Con las alumnas fue necesario explicar el propósito de estos, las indicaciones que contenían, para una mejor comprensión al momento de contestarlos, y las opciones de respuesta. Asimismo se brindó apoyo a aquellas que mostraron dudas o dificultad para responder las preguntas. De igual manera se organizaron y revisaron por orden de lista, a la hora de ser entregados, para evitar errores o confusiones en las respuestas a cada pregunta.

Los resultados derivados de la aplicación del Test de Estilos de Aprendizaje mostraron que los estilos sobresalientes hacen referencia al kinestésico con 38.46% y el visual 35.90%, mientras que el 25.64 % representaba el estilo de aprendizaje auditivo. Lo anterior demostró que los intereses y motivaciones de las educandas giran alrededor de propuestas novedosas que implican la utilización de materiales para el trabajo en clase y la representación del aprendizaje a través de diferentes técnicas (experimentos, dibujos, experiencias vivenciales, etc.).

Por otro lado los resultados del cuestionario aplicado a las mismas se pueden explicar desde distintos ámbitos: la atención que brinda el maestro en clase, las disciplinas de mayor interés y las que no lo son, la actitud frente al trabajo, la organización del grupo (individual o en equipo), las actividades que prefieren (leer, escribir, dibujar y colorear), las motivaciones intrínsecas y extrínsecas hacia su desempeño escolar, la participación en clase, el nivel de dificultad que encuentran hacia las asignaturas y las tareas encomendadas para llevar a casa.

La mayoría de las respuestas de las niñas revelaron que muestran el interés en clase para no quedarse con duda alguna y que además tienen como primera opción al maestro para que les explique. Asimismo la mayoría indicó que la atención brindada por parte de la docente en clase es calificada como excelente, ya que se dirige hacia todo el grupo para repetir la explicación y que su actitud es positiva y amable frente a la atención que demandan al momento de elaborar actividades u otro tipo de necesidades.

Entre las asignaturas de mayor interés se encontraron Educación Física (46%) y Desafíos Matemáticos (26%). La primera era abordada siempre fuera del aula por un maestro especializado, puede constatarse una vez más el estilo de aprendizaje que sobresale en las alumnas (kinestésico) y el interés que estas mostraban hacia ella. La segunda obtuvo una cantidad menor, tomando en cuenta que la mayoría del tiempo se llevaba a cabo en el aula, fue importante considerar la utilización de materiales para que existiera un mayor interés y comprensión.

La actitud que ellas manifiestan frente a sus deberes escolares fue calificada por el 54% como buena, en este punto debe rescatarse de igual manera la motivación que se les brinda para que respondan a las actividades planteadas. Asimismo la organización de trabajo en equipos correspondió al 87%; sin embargo al momento de trabajar de dicha manera surgen ciertos conflictos que retrasan las tareas a elaborar, además, el espacio físico es limitado para el acomodo de las butacas.

Otra de las iniciativas e intereses que reflejó la mayoría del grupo hizo alusión a la participación y el cumplimiento de tareas. Respecto a este punto se pudo constatar la aportación de ideas y experiencias de las niñas durante las clases, así como el hecho de externar dudas en cuanto a los temas. Las tareas de igual manera, en su mayoría fueron cumplidas, el apoyo por parte de los padres de familia hacia sus hijas tuvo mucho que ver en la responsabilidad que adquirieron.

Analizando las respuestas brindadas por la maestra titular en el cuestionario, es posible determinar que lleva a cabo una evaluación diagnóstica de cada una de las integrantes del grupo al inicio del ciclo escolar, en cuanto a los contenidos básicos del grado anterior que poseen las alumnas. Los resultados arrojados le permitían determinar las formas de trabajo y las estrategias más adecuadas en beneficio del conocimiento. De igual manera toma en cuenta otras actividades en su planeación didáctica, como la aplicación de test estilos de aprendizaje, observación, revisión de expedientes, etcétera.

En cuanto a los estilos de aprendizaje la maestra señaló que a través de la observación le ha sido posible identificar el de tipo visual como predominante. Lo anterior está relacionado con los resultados obtenidos en la aplicación del Test de Estilos de Aprendizaje (VAK) de Metts Ralph (Metts, 1999), donde el visual aparece como segunda opción. De acuerdo al cuestionario aseguró no haber implementado estrategias didácticas acorde a dichas modalidades de aprendizaje, por tanto no hay experiencias que permitan analizar posibles resultados de estas.

El manejo de los intereses y motivaciones de las estudiantes hacia las actividades de aprendizaje y la organización del grupo son manejadas de manera flexible por su parte; toma en cuenta el estado de ánimo y el interés que muestran hacia determinados temas. Asimismo lleva a cabo una vinculación de contenidos en las diferentes asignaturas para generar una mejor comprensión de los mismos.

Ante los resultados obtenidos fue necesario plantear un objetivo que contribuyera a mejorar la situación que enfrentaban las alumnas de tercer grado, en este caso corresponde al poco interés y la dificultad que manifiestan hacia algunas asignaturas debido a que las estrategias de enseñanza planteadas no tomaban en cuenta sus propios intereses y motivaciones. Lo anterior sería posible atenderlo por medio de la práctica profesional al plantear estrategias; a su vez esta debería ser constantemente reflexiva en cuanto a los resultados obtenidos y las dificultades que siguieran persistiendo.

Descripción y focalización del dilema

Al hablar de educación por competencias es preciso señalar el rol que han de desempeñar tanto los alumnos como el docente para lograr el aprendizaje significativo. Haciendo referencia al primer caso, requiere que estos se apropien del conocimiento, adquieran responsabilidad en su proceso de formación e identifiquen claramente los propósitos a lograr en cada asignatura. Por otro lado el papel del maestro consiste en motivar a sus educandos, así como promover ambientes y experiencias de aprendizaje que los lleven a la construcción de su propio conocimiento.

En el trayecto de preparación profesional fue posible analizar algunos temas relacionados estrechamente con la práctica docente como planeación educativa; procesos, ambientes y evaluación en torno al aprendizaje. Los aspectos en mención forman un conjunto de relevancia en el quehacer del maestro para con sus alumnos, por tanto la introversión de estos ha de suscitar un dilema en la práctica profesional en referencia al diseño de planeaciones didácticas que consideren los intereses y motivaciones de las alumnas para contribuir en la construcción del aprendizaje significativo.

Respecto a lo descrito anteriormente, y conforme al perfil de egreso de la educación normal (señalado en el Plan de estudios 2012) la preparación, actualización y transformación de la práctica docente juegan un papel fundamental en la contribución con el entorno educativo, por ello la importancia de implementar competencias profesionales de acuerdo con la Reforma Curricular de la Educación Normal (DGESPE, 2011), como el diseño de planeaciones didácticas, aplicando conocimientos pedagógicos y disciplinares para responder a las necesidades del contexto en el marco del Plan y Programas de educación básica 2011.

Por consiguiente, resulta necesario constituir un ambiente de aula en el que sea posible realizar diagnósticos de los intereses, motivaciones y necesidades formativas de los alumnos para organizar las actividades de aprendizaje, contribuyendo de esta manera a la participación activa y desarrollo de competencias mediante las estrategias didácticas propuestas.

El propósito de diseñar estrategias radica en desarrollar y aplicar conocimientos pedagógicos y disciplinares en la planeación didáctica, estos con la finalidad de responder a las necesidades del contexto. Lo anterior se refleja en algunos propósitos particulares: considerar los intereses, motivaciones y necesidades formativas de las alumnas en el diseño de la planeación didáctica; priorizar estrategias didácticas en las que jueguen un papel activo, y les permita descubrir y construir el aprendizaje por sí mismas; y promover la interpretación del aprendizaje en relación con su entorno y la vida cotidiana.

Descripción de las actividades de las acciones didácticas como alternativa de solución del dilema

MatemáTICas para el aprendizaje

El propósito de esta acción será considerar los intereses, motivaciones y necesidades formativas de las alumnas en el diseño de la planeación didáctica. Baena (2008) menciona que el uso de las TIC's brinda diversas posibilidades didácticas: principalmente la motivación de los educandos, puesto que en la actualidad viven una época en la que las nuevas tecnologías juegan un papel relevante en su vida diaria. Es mediante estas que se pretenderá captar la atención y el interés hacia el trabajo en clase, logrando con ello optimizar el tiempo de la sesión de clase.

La aplicación de la estrategia se planteará en el bloque tres del ciclo escolar, en el campo formativo pensamiento matemático de los Programas de estudio de educación básica, primaria (2011); y al cual corresponde la asignatura de Desafíos Matemáticos. La realización de la misma se determinará para el día miércoles 18 de febrero de 8:00 a 9:30 am según lo estipulado en el horario de clases.

El contenido al que hará alusión la acción didáctica corresponderá a los números naturales, los cuales es posible ubicar dentro del eje de estudio sentido numérico y pensamiento algebraico. En este último será preciso señalar los problemas aditivos para lograr el aprendizaje esperado que consiste en utilizar el algoritmo convencional para resolver sumas o restas. El propósito será que dichas operaciones las apliquen en la resolución de problemas matemáticos.

Las actividades que conforman la estrategia conllevarán a adquirir y poner en escena tres competencias que se describen en los Programas de estudio. La primera representará el manejo de técnicas eficientemente, el no hacerlo determina la diferencia entre resolver problemas de manera óptima o hacerlo incompleto, e incluso incorrecta. La segunda tendrá que ver con la validación de procedimientos y resultados, para ello es de vital importancia la confianza y seguridad al momento de explicar procedimientos y comprobar los resultados obtenidos. La última involucrará alumnas autónomas al momento de resolver problemas, es decir, que sepan identificar, elaborar y resolver problemas o situaciones utilizando distintos procedimientos.

Mediante las actividades de aprendizaje se abordarán las operaciones básicas de suma y resta, dando continuidad a la estrategia uno, en la determinación del algoritmo convencional para la resolución de problemas matemáticos que impliquen sumar o restar números naturales. Este contenido se presenta en la lección 43 del libro de texto de Desafíos Matemáticos (Pág. 96-98), sin embargo se pretenderá favorecerlo de manera distinta y disponerlo como retroalimentación en otra sesión.

Como se hizo mención de las TIC's en un principio, estas resultan ser un interés y motivación para las alumnas, por tanto representan un recurso fundamental para favorecer el trabajo en clase, la participación activa e interés. Mediante estas será posible mostrar actividades que representen un desafío o reto para las alumnas ya que suelen ser muy competitivas.

A través de las TIC's se podrá motivar hacia el aprendizaje y de igual manera enriquecer la intervención pedagógica. Al estimular los procesos de pensamiento la enseñanza-aprendizaje adquirirá mayor significatividad haciendo de este un momento dinámico y divertido en el que no solamente estarán a prueba los conocimientos propios de la asignatura, sino también valores como el respeto, la tolerancia, etc. Además las alumnas participarán de manera activa y creativa, lo que genera un ambiente propicio y experiencias valiosas.

Al igual que en la estrategia anterior se hará uso del programa Power Point, del paquete Microsoft Office 2013, para la elaboración y organización de una presentación, en referencia a las actividades afines al contenido. La organización del trabajo se manejará mediante el modelo de equipamiento de las TIC's 1 a 30, en el que el docente es quien maneja el equipo de cómputo y los alumnos prestan atención a los contenidos al frente, participando mediante pizarrón interactivo o normal. Otro de los materiales necesarios para la sesión de clase serán hojas de trabajo para que las alumnas resuelvan problemas matemáticos.

La secuencia didáctica se compondrá por tres momentos con distintas actividades de aprendizaje. En primera instancia se recuperará el interés y motivación del grupo mediante desafíos que pondrán en práctica habilidades y capacidades. En otro momento se movilizarán saberes previos sobre la resolución de problemas matemáticos y se implementará una actividad tipo Rally en donde algunas alumnas atenderán los desafíos presentados. Al final se sugerirá resolver una actividad de tipo individual en referencia al contenido, la cual será necesario corregir en caso de errores.

En la apertura de la planeación se planteará el desafío "Contra-reloj de sumas y restas" en el cual las alumnas retarán a otras a ir sumando y restando distintas cantidades a un número para encontrar el resultado; el tiempo establecido para cada solución será de un minuto. Seguido de lo anterior se comentará en qué situaciones se puede hacer uso de la suma y la resta con la finalidad de encontrar la aplicación de dichas operaciones, como menciona Maza (s. f) la suma y la resta adquieren importancia social y cultural, ya que forman parte de nuestro quehacer cotidiano.

Se dará continuidad a las actividades al movilizar saberes en cuanto a la resolución de problemas, es decir los pasos a seguir para encontrar el resultado. Según Polya (1965) en Silva (2009), para resolver un problema es necesario comprenderlo (qué se busca, qué datos se proporcionan y las condiciones), idear un plan (qué es necesario hacer y si se ocuparán todos los datos), realización del mismo (procedimientos) y visión retrospectiva (revisar los resultados).

Enseguida se presentará la actividad "ProblemáTICas" en la que se hará aplicación de la suma y resta en distintos problemas. Para llevarla a cabo se elegirán a dos representantes por equipo (fila) para atender el reto indicado en un tablero (elegirán un número para resolver un problema, crear uno u obtener puntos a favor). En el desarrollo será necesario considerar los pasos para la resolución de problemas y observar si se emplean los algoritmos convencionales de suma y resta en los procedimientos. De igual manera la tiendita escolar representará un material fundamental para la elaboración de problemas relacionados con situaciones cotidianas a las que se enfrentan las alumnas comúnmente (pagar en una tienda o devolver la feria).

Una vez comprendida la importancia de las sumas y restas en situaciones de la vida diaria se proseguirá a culminar con la resolución de tres problemas similares a los resueltos y creados anteriormente. Asimismo se brindará un espacio para compartir los resultados y procedimientos empleados, con la finalidad de crear conciencia sobre los errores o dificultades que se tuvieron.

Dentro del proceso educativo es de importancia que el docente adecue el currículo a la diversidad de los alumnos, a sus estilos de aprendizaje, considerando sus limitaciones y fortalezas (Herrera, 2008; citado en Guevara, 2013). En la estrategia de acción se anticipará el apoyo individualizado y se considerará el nivel de dificultad de las actividades hacia aquellas alumnas que lo requieran. De igual forma se preverá una actividad extra para aquellas alumnas que logren culminar en un tiempo menor que el resto de las compañeras.

Otro aspecto considerado hará alusión al tiempo empleado en las distintas encomiendas, si este logra optimizarse podrá darse la oportunidad de crear una cantidad mayor de problemas matemáticos con ayuda de la tiendita escolar, como recurso para despertar la creatividad e ingenio de las alumnas, respecto a la aplicación de operaciones básicas como la adición y sustracción.

Dentro de la evaluación se considerarán aspectos relacionados con el desempeño en clase como la participación, la actitud positiva hacia el trabajo (disciplina) y los productos de clase, los cuales se registrarán mediante listas de verificación (registro de participación y disciplina), lista de cotejo y moderador de disciplina (semáforo de disciplina).

En otro momento será posible valorar los resultados de la intervención docente en la acción propuesta, para lo cual se permitirá hacer un análisis de esta mediante la observación directa del desempeño mostrado por las alumnas, sus comentarios al brindar un significado a lo abordado (qué dificultades hubo, qué aprendizaje se adquirió, qué fue lo que más agradó de la sesión, qué no agradó y por qué) y una escala de estimación en cuanto a algunos indicadores que se pusieron en práctica en las actividades por parte del docente.

Desarrollo, reflexión y evaluación de la propuesta de mejora

La acción en mención se implementó el día miércoles 18 de febrero del año 2015, en esta actividad participó la totalidad del grupo, 39 alumnas. Se sabe que los problemas matemáticos resultan ser un problema en sí mismos para la mayoría de los alumnos, esto se debe principalmente porque no están relacionados con experiencias y porque tienen la idea de que utilizarán muchas operaciones para resolverlos. Sin embargo en esta ocasión las TIC's fueron el centro de interés para las actividades, una manera de motivar a las alumnas para la resolución de problemas.

Las actividades de inicio suelen ser motivadoras para las alumnas ya que representan un reto para ellas, por ello al inicio se presentó un desafío llamado "Contra-reloj de sumas y restas" mediante un basta numérico (juego), a través de este las alumnas aplicaron el cálculo mental para encontrar el resultado de sumar o restar algunas cantidades. Durante el desafío algunas alumnas se mostraron emocionadas al ver a sus compañeras a prueba sobre el tiempo. De igual manera se revisaron los cálculos y se corrigieron errores cometidos.

Antes de comenzar con la actividad más importante en el desarrollo de la sesión, participaron ordenando los pasos a seguir para resolver un problema; en otras sesiones estos se habían establecido puesto que presentaban dificultad para ello. Para el trabajo en clase se tomó en cuenta la organización del grupo en la primera acción (agrupadas por filas) pero dándole importancia a lo que ellas prefieren: "competencia". Tomaron como referente el algoritmo convencional de la suma y la resta para resolver e inventar algunos problemas con ayuda de la tiendita escolar, misma que se encuentra como material permanente dentro del aula.

El hecho de tomar en cuenta sus intereses resultó significativo, ya que mostraron motivación para "ganar" en la actividad. De igual manera los materiales digitales diseñados para la clase fueron un elemento fundamental para que existiera orden; el uso de hipervínculos, figuras e imágenes lograron mostrar la actividad como un juego didáctico, lo cual fue de su agrado. Al final se planteó la resolución de problemas; en estos se incluyó una adecuación para la alumna con barreras de aprendizaje, reduciendo el nivel de dificultad y mostrando apoyo individualizado; fue importante revisar las respuestas y los procedimientos empleados. De igual manera se proporcionó un basta de sumas y restas como tarea para resolverlo con ayuda de los padres de familia.

El propósito de esta acción consistió en considerar los intereses, motivaciones y necesidades formativas de las alumnas en el diseño de la planeación didáctica. De acuerdo a los resultados obtenidos de los instrumentos de evaluación y la observación del desempeño mostrado por las niñas, puede señalarse que este se cumplió en buena medida. El logro se debe principalmente al manejo de las TIC's recurso para el aprendizaje, la participación de las alumnas, el uso de materiales (la tiendita y diapositivas) y el hecho de considerar los intereses y motivaciones de las estudiantes para la actividad ("competir").

Los resultados que arrojaron los instrumentos de evaluación corresponden al desempeño de las alumnas y en referencia al docente. Respecto a las primeras puede señalarse que en esta ocasión estuvo presente la totalidad del grupo, el cual fue evaluado mediante una lista de cotejo obteniendo con ello los siguientes resultados: la mayoría del grupo mostró interés por participar en clase, el grupo en general mostró una actitud positiva hacia el trabajo, solamente una alumna no trabajó en equipo debido a que salió un momento con la maestra de apoyo, y en su totalidad resolvieron los ejercicios planteados en las hojas de trabajo.

Uno de los aspectos más importantes de la lista de cotejo hace referencia a la resolución de problemas matemáticos empleando el algoritmo convencional de la suma y la resta, por ello fue necesario analizar los resultados obtenidos en estos. De tres problemas presentados en la hoja de trabajo 10 alumnas solo resolvieron correctamente dos de ellos, mientras que el resto (29 alumnas) no presentó dificultad en lograr todos los aciertos. Al revisar los procedimientos empleados es evidente que gran parte utilizó el algoritmo convencional y el cálculo mental en la resolución de dichos problemas.

Tomando en cuenta la opinión de las alumnas en referencia a las acciones llevadas a cabo por el docente durante la acción, la escala de rango muestra que dicho desempeño fue entre regularmente y siempre, siendo este último nivel el que sigue sobresaliendo. Asimismo las alumnas brindaron algunos comentarios sobre las dificultades que tuvieron, lo que aprendieron, lo que les agradó y algunos aspectos a considerar para otras actividades parecidas.

Después de hacer análisis entre desempeño logrado por las alumnas y la mediación docente en la implementación de la acción, es posible señalar que la competencia se mantiene presente al diseñar la planeación didáctica, en la cual el referente del proceso educativo siguen siendo las alumnas. Considerando el dilema encontrado en la primera acción (la organización del grupo según sus preferencias y el poco espacio áulico) puede notarse un avance significativo en la resolución de este al tomar en cuenta que a las alumnas les agrada competir, por lo que agruparse en fila como equipo no fue inconveniente para ellas, pues su objetivo era ganar.

A pesar de lograr un avance en la resolución del dilema es preciso analizar los resultados de dos aspectos que resultaron un poco más bajos en la escala de rango para valorar la intervención docente: 1) planteó la clase de manera interesante y atractiva y 2) favoreció la participación hacia el tema. Haciendo mención del primero es preciso señalar que aunque se consideraron los intereses y preferencias de las alumnas (TIC's y trabajo competitivo) estas señalaron que hubieran preferido manejar la computadora, por lo cual sobresale una vez más el estilo de aprendizaje Kinestésico. En referencia al segundo se puede decir que no quedaron en su totalidad conformes con la participación, pues fueron pocas las alumnas que pasaron a interactuar con las diapositivas.

Reflexionando sobre los resultados anteriores se encontró un nuevo dilema con estrecha relación al primero: el grupo está compuesto por una gran cantidad de alumnas y todas quieren participar porque son competitivas. Lo que ha generado conflicto sin duda atañe a lo numeroso del grupo. A pesar de los resultados se considera que la organización del grupo y la mecánica de trabajo (elegir a representantes por equipos entre ellas mismas para la actividad) fue adecuada tomando en cuenta que no todas podían resolver un problema debido al tiempo destinado para la sesión; además de que podrían perder interés.

En referencia a las áreas de oportunidad es preciso señalar que se mejoró la dosificación del tiempo; sin embargo tomando en cuenta las preferencias y los estilos de aprendizaje predominantes en el grupo (visual y kinestésico) se considera necesario dosificarlo un poco más, debido a que se dan momentos de distracción; plantear actividades que se elaboren en menos tiempo, relacionadas con experiencias y en las que tengan un papel activo.

Las fortalezas que indicaron el desarrollo y puesta en práctica de la competencia de planeación didáctica en la presente acción hacen referencia a la consideración de lo relacionado con las alumnas (intereses, motivaciones y necesidades); organizar las actividades de clase de manera que no exista conflicto en su desarrollo; lograr actividades innovadoras con ayuda de las TIC's y la implementación de las adecuaciones para las alumnas que lo requirieron y en las actividades de clase.

Sin duda la competencia en cuestión impulsó aún más el desempeño de las alumnas para el desarrollo de las actividades, en este caso la resolución de problemas con el algoritmo convencional de la suma y la resta, recordando que este se analizó por medio de la primera estrategia. De igual manera su interés y motivación por participar a aumentado de manera significativa, han encontrado un sentido diferente hacia las Matemáticas.

Tomando en cuenta el análisis y reflexión que se hizo sobre los resultados obtenidos en la implementación de la presente acción, se pretende enfocar el progreso de la competencia en referencia a la dosificación del tiempo y las actividades activas para las alumnas con la finalidad de obtener el mayor interés y significatividad para ellas.

Conclusiones y recomendaciones

El docente a través de su práctica adquiere y desarrolla conocimientos, habilidades y valores que le permiten desenvolverse de manera eficiente en su labor; el desarrollo de competencias profesionales, ligadas al proceso educativo, hacen que su intervención contribuya a elevar la calidad del mismo y los aprendizajes de los alumnos de acuerdo con lo establecido en el Plan y Programas de Estudio.

Solamente la reflexión sobre la práctica puede proveer al maestro conocimiento de sus propias concepciones educativas y de la realidad existente al momento de implementarlas; representa un ciclo transformador en el que es posible reconocer áreas de oportunidad y fortalezas, las cuales serán atendidas mediante un plan de acción en el que sea necesario valorar los resultados de manera constante para su retroalimentación.

En base a la experiencia en la práctica profesional puede hacerse mención de las múltiples satisfacciones que esta conlleva, así como también los aprendizajes adquiridos durante dicha intervención. Deja claro que el maestro de la actualidad requiere de un desarrollo profesional constante, entendiendo este no como un progreso o promoción, sino como un proceso de formación a lo largo de toda la vida profesional, que esté orientado al cambio de pensamiento y conductas en relación con la enseñanza. De igual manera es posible entender que la labor docente no se limita a un solo espacio o tarea; la escuela requiere de su participación en diversas actividades que favorezcan las relaciones entre los actores educativos y la calidad de los procesos que esta lleva a cabo.

A lo largo de esta experiencia en condiciones similares a las de los docentes en servicio se logró desarrollar y perfilar una competencia profesional en el ámbito de planeación del aprendizaje, a través de la implementación de acciones didácticas con un propósito general y específicos. Dicha competencia "Diseña planeaciones didácticas, aplicando sus conocimientos pedagógicos y disciplinares para responder a las necesidades del contexto en el marco del Plan y los Programas de educación básica", hace alusión a la importancia de la planeación como una herramienta necesaria que debe acompañar la labor del maestro, para fundamentar su intervención en el proceso de enseñanza y aprendizaje.

La competencia profesional pudo desarrollarse a través de la observación de las alumnas en base a sus intereses, preferencias y necesidades para el trabajo en clase. Sin duda el hecho de considerar lo anterior en la planeación didáctica dio pie al diseño de estrategias didácticas que favorecieran la participación activa y autónoma de estas en las actividades para la construcción de su propio aprendizaje. Otro aspecto que benefició el desarrollo de la misma fue la evaluación y reflexión constante sobre la práctica, pues en el transcurso de esta última fue necesario enfrentar algunos dilemas en torno a lo numeroso del grupo.

Cabe señalar que la competencia profesional docente fue evolucionando de manera significativa, ya que fue posible atender el dilema planteado en cuanto al diseño de planeaciones didácticas para responder a las necesidades del contexto, esto considerando intereses, motivaciones y necesidades para contribuir en la construcción del aprendizaje significativo. Asimismo es importante mencionar que el desarrollo de esta se llevó a la par con las competencias para la vida y el perfil de egreso de las alumnas.

Es claro que el desarrollo de la competencia profesional no termina en esta experiencia de intervención en la práctica docente, esta logrará prolongarse y perfeccionarse conforme se tenga la oportunidad de vivir nuevas experiencias, conocer y compartir las mismas con otros profesionales, investigar, así como también la importancia que se le dé al desarrollo profesional docente como oportunidad permanente para mejorar la intervención que se lleva a cabo.

Referencias

Metts, Ralph. (1999). *"Estilos de aprendizaje: Teorías y ejercicios"*. Santiago de Chile, pp. 32. Recuperado en 16 de septiembre 2014 de: http://webcache.googleusercontent.com/search?q=cache:TAOmIFau EgwJ:www.cbtis179.edu.mx/portal/docentes/descargas/inventario_ estilos.doc+&cd=12&hl=es&ct=clnk&gl=mx

Desafíos Matemáticos (2014). "Libro para el alumno". Tercer grado, México, SEP. (p. 94, 96, 97, 98, 179) Recuperado en 16 de febrero de 2015 de: básica.sep.gob.mx

Dirección General de Educación Superior para Profesionales de la Educación. (2014). *Planes de estudios: Licenciatura en Educación Primaria (plan 2012). Recuperado de h*ttp://www.dgespe.sep.gob.mx/ reforma_curricular/planes/ lepri/plan_de_estudios/perfil_egreso

Plan de estudios (2011). Educación Básica, México, SEP, (93 pp.). Recuperado en: http://www.curriculobasica.sep.gob.mx/images/PDF/ planestudios11.pdf

Baena Jiménez, J. (2008). *"Las TICS: un nuevo recurso para el aula"*. Innovación y experiencias educativas. Revista digital. en: http://www. csi-csif.es/andalucia/modules/mod_ense/revista/pdf/Numero_13/ JUAN_J_BAENA_1.pdf

Maza, Carlos (s. f.). *Capítulo 3: Adición y sustracción*. Recuperado en: http://personal.us.es/cmaza/maza/capitulo.PDF

Polya, G. (1965) rescatado en Silva Laya, M (2009). *"Método y estrategias de resolución de problemas matemáticos utilizadas por alumnos de 6to. grado de primaria.* Universidad Iberoamericana. Recuperado en: http://www.cimeac.com/images/2a_parte_reporte_final_inide.pdf

Herrera, S. (2008) citado por Guevara Rivas, A. (2013). *"Pertinencia de las adecuaciones curriculares no significativas aplicadas a los estudiantes de octavo nivel de un colegio privado del Cantón Central de San José"*. Trabajo Final de Graduación para optar por el grado de Magister en Psicopedagogía. Recuperado en: http://repositorio.uned.ac.cr/ reuned/bitstream/120809/938/1/Pertinencia%20de%20las%20 adecuaciones%20curriculares%20no%20significativas.pdf

Planeación didáctica como elemento para transformar el quehacer docente en la educación primaria

Apuntes y reflexiones

Mtro. Emigdio Germán Martínez Vázquez

CUANDO EL DOCENTE en formación logra durante las diferentes jornadas de práctica vincular la teoría que se le brinda en la escuela normal a las diferentes actividades que se realizan en la escuela primaria, sean estas de la naturaleza que sea; es decir, educativas, de gestión, lúdicas, cívicas e incluso en la relación social que envuelve a estos centros educativos, se puede considerar que en verdad está desarrollando las diferentes competencias profesionales que el programa de estudios plantea empezando a potenciar su verdadera formación.

Al dar seguimiento al trabajo que desarrolló Regina y sobre todo al comprobar cómo es que se llevaba a cabo la práctica reflexiva cada vez que culminaba sus sesiones frente al grupo de primaria y planteaba nuevas estrategias de trabajo para atender las áreas de oportunidad que detectaba en la ejecución de sus secuencias didácticas, se puede afirmar que las competencias profesionales estaban cada vez más desarrolladas y arraigadas en ella.

Lograr la vinculación teoría práctica es y será esencial para propiciar docentes reflexivos que no le tengan temor a investigar y sobre todo proponer nuevas formas y metodologías de trabajo en educación básica, parte esencial de esto será el adecuado seguimiento de su formación profesional durante su estancia en la escuela normal, y sobre todo cuando acuda a sus prácticas profesionales. El trabajo recién presentado plasma la evolución que un estudiante de la Licenciatura en Educación Primaria debe tener y sobre todo la manera en cómo trasladará el bagaje teórico al salón de clases mediante una herramienta que es y será esencial para todo docente, la planeación didáctica reflexiva.

Estrategias motivadoras para la comprensión de procesos matemáticos mediante el trabajo colaborativo

Clarisa Lucia Sandoval Valenzuela

Contexto en el que se realiza la mejora

Intención

EL SER HUMANO es poseedor de múltiples capacidades por caracterizarse como un ser pensante y reflexivo; sin embargo, es por medio de la educación que obtendrá los cimientos para acceder a la información, desarrollar nuevas habilidades, así como discernir, analizar y fortalecer sus saberes, reconocerse a sí mismo e incluso saber cómo tendrá que comportarse para cumplir con las pretensiones de la vida.

Al plantearse a la educación como un derecho que tienen los individuos a no vivir en el mundo de la ignorancia y el atraso dentro de una sociedad avanzada y, sobre todo, debido al gran compromiso adquirido al escoger la carrera de educación, se realizó un exhaustivo análisis del desempeño como futura docente, con el firme propósito de establecer una mejora continua en la práctica educativa en base a los conocimientos adquiridos durante el trayecto formativo normalista.

En el análisis antes mencionado se detectaron las fortalezas pero sobre todo áreas de oportunidad que se presentaron en el desarrollo de esta labor, siendo una de las principales flaquezas la inclusión de todos los alumnos en el desarrollo de las situaciones didácticas, esto debido a la diversidad de necesidades, intereses y niveles de aprendizaje que caracterizan a cada estudiante.

Al reconocer las debilidades de la práctica se estableció como principal propósito ser colaborador de un mejor futuro, con expectativas más amplias y sobre todo adquirir la capacidad de brindar una educación de calidad. Por lo anterior, en este trabajo se presenta el desarrollo de una serie de actividades con el objetivo de mejorar la práctica educativa de manera continua, centrando la atención en un área de oportunidad específica, la cual se refirió a la promoción del aprendizaje a través de estrategias motivadoras que involucren el trabajo colaborativo, con el fin de adquirir el dominio de dicha competencia profesional.

Por consiguiente, parece medular citar uno de los apartados que se presentan en el perfil de egreso de la Licenciatura en Educación Primaria emitidos por la Dirección General de Educación Superior para Profesionales de la Educación (DGESPE) (2011) en el cual se menciona:

> La disposición y la capacidad para aprender de manera permanente
> dependerá tanto del interés y la motivación que despierte el campo de
> estudios, como del desarrollo de las habilidades intelectuales básicas, la
> comprensión de la estructura y la lógica de las disciplinas, y de los hábitos
> de estudio consolidados.

Cada individuo es responsable de la construcción de su propio conocimiento el cual constituye la profesionalización de acuerdo al deseo de superación al emprender la carrera, preparándose y sobre todo capacitándose para enfrentar a los nuevos retos que se presentan en el gran siglo XXI, época conocida como la era de la información y caracterizada por el avance y expansión de la digitalización y el control de la información a nivel global, por lo que se demandan docentes competentes para cumplir con las exigencias de esta sociedad cambiante.

Contextualización

Para transformar la práctica docente, fue necesario revisar las etapas correspondientes de planeación, puesta en práctica del plan y observación del desarrollo de las acciones emprendidas, lo que permitió hacer realidad las expectativas para alcanzar la idoneidad en los procesos de enseñanza; por lo anterior, se retomaron algunas dimensiones de la práctica educativa (Fierro, C., Fortoul, B., y Rosas, L., 1999: 101) clasificadas en axiológica, política, cultural, económica y pedagógica, las cuales se desarrollan a continuación:

Para poder asentar temporal y espacialmente el contexto en el que se realizó la mejora resulta preciso indicar que esta se llevó a cabo durante el ciclo 2014-2015, en la escuela primaria "Centro Escolar Talamante" con clave 26EPR0167K, turno matutino, ubicada en la colonia Centro de la ciudad de Navojoa, Sonora.

El personal que labora en la institución se constituye por un director, 18 docentes, dos maestros de inglés y de educación física; asimismo, la escuela cuenta con el departamento de USAER formado por cuatro docentes de apoyo y una psicóloga; dos personas encargadas de intendencia y una secretaria.

El grupo de práctica atendido fue 4° "A", conformado por 27 alumnos, quienes se encontraban en el estadio de operaciones concretas determinado por Piaget, estableciendo que es de los 7 a los 11 años cuando el niño empieza a utilizar las operaciones mentales y la lógica para reflexionar sobre los hechos que suceden a su alrededor (Meece; 2000).

A lo largo de la práctica y de la observación en el grupo de 4° grado "A" se detectaron peculiaridades en los alumnos, como fue el interés por las clases en las que se trabajaba con material audiovisual o el desarrollo de emociones al manipular objetos; a partir del desarrollo de situaciones didácticas se detectó una facilidad para aprender haciendo, experimentando y aunque les agradó el trabajo en equipo presentaron problemas para la organización y establecimiento de roles.

Diagnóstico

Para conocer parámetros concretos en cualquier situación es necesario realizar un diagnóstico para, de esta manera, enfrentar la situación real de cualquier dilema; "el propósito de la evaluación diagnóstica es la obtención de información sobre la situación de partida de los sujetos, en cuanto a saberes y capacidades que se consideran necesarios para iniciar con éxito nuevos procesos de aprendizaje" (Avolio de Cols y Lacolutti; 2006, p. 32).

En este sentido, dicha evaluación facilitó el seguimiento del dilema, ya que fue a partir de los resultados obtenidos por los instrumentos aplicados como se pudo establecer el punto de partida y la profundidad que se presentó en la institución en cuanto a saberes y capacidades respecto al tema de los actores educativos.

Dada la importancia de la evaluación diagnóstica y para reconocer el escenario actual en la escuela primaria "Centro Escolar Talamante" sobre la utilización de estrategias motivadoras con la modalidad de trabajo colaborativo, se aplicaron diversos instrumentos para identificar las actividades promovidas por el colectivo y la importancia que se le daba al trabajo en colaboración en el aula.

Respondiendo a las características de este informe se consideraron cuestionarios, basados en el Manual de aplicación de cuestionarios para profesores y alumnos emitido por el Instituto Nacional para la Evaluación de la Educación (INEE) en el 2013; en estos instrumentos se tomó como referente una definición que menciona al cuestionario como un procedimiento de exploración de ideas y creencias generales sobre algún aspecto de la realidad, básico para recabar información de docentes y estudiantes (Bresque, Moreira, y Flores; 2011).

Asimismo, en este dilema también se trabajó con la entrevista, técnica dirigida al directivo, realizada en base a criterios específicos de acuerdo a la información requerida para profundizar más en el dilema; en este instrumento se establecieron preguntas clave para la estructuración de estrategias.

En primera instancia se realizó la aplicación del instrumento al director. Para ello se consideró pertinente utilizar la entrevista, debido a que su labor integra elementos de orden organizativo, pedagógico y didáctico; siendo a partir de un guion constituido por 10 preguntas abiertas de carácter informativo y de opinión.

La máxima autoridad del plantel manifestó su inquietud por la concientización de docentes respecto a la implementación del trabajo colaborativo en las secuencias didácticas; de igual manera, considera que a partir de dicha modalidad se puede ofertar una buena propuesta para los alumnos, ya que se ponen en práctica habilidades y destrezas como la comunicación, que les permite dar a conocer sus sentimientos, ideas y pensamientos; asimismo comentó que un factor importante a implementar en esta estrategia es el fomento de valores, debido a que en el desarrollo del trabajo, los alumnos deben de respetar a sus compañeros, ser responsables, honestos y tolerantes, favoreciendo directamente las relaciones interpersonales y la convivencia entre ellos mismos.

Se puntualizó especialmente en la asignatura de Matemáticas, ya que siendo una disciplina compleja, se puede lograr, a partir del trabajo colaborativo, un proceso más sencillo para adquirir los conocimientos, donde los integrantes de cada equipo establezcan un fin común, cuenten con más motivación para la resolución de problemáticas, sintiéndose parte importante del proceso de trabajo y, sobre todo, responsables de los resultados que se obtengan de dicha organización.

Se aplicó el instrumento correspondiente a los docentes donde dieron a conocer su punto de vista en base a un cuestionario de 22 ítems, con una modalidad de opción múltiple, categorizadas para la practicidad de la información a manera de batería, planteando primero preguntas básicas para posteriormente profundizar en el tema, contando con 3 preguntas directas de opinión.

Un dato muy interesante en los resultados obtenidos es que la totalidad de los docentes contestó que sí considera pertinente desarrollar el trabajo colaborativo dentro de las actividades, ya que se aprovechan las capacidades de los estudiantes; lamentablemente en una de las preguntas se presentaron casos que, aunque reafirmaron la importancia de esta práctica, una cuarta parte visualiza la inclusión de este tipo de estrategias en su labor como una pérdida de tiempo.

Asimismo, en estos cuestionamientos los maestros concluyeron que una de las principales metas al incluir el trabajo colaborativo en su práctica fue lograr la cohesión de sus miembros, al igual que aprender a alimentar un sentido de compromiso en el grupo, las cuales son condiciones vitales que se establecieron como prioridad para el desarrollo de las actividades.

Los docentes plantearon el trabajo colaborativo como una oportunidad para mejorar el aprendizaje, especialmente en asignaturas complicadas como Matemáticas para apoyar a los alumnos que presentan dificultades para la adquisición de nuevos conocimientos. Determinaron que esto será posible por medio de la distribución estratégica de equipos en el aula, pues al conformar grupos con niños que tienen diferentes niveles de aprendizaje puede haber un mutuo apoyo para comprender mejor el trabajo a desarrollar.

La perspectiva de los docentes en base a la generación de planteamientos colaborativos especialmente en la asignatura de Matemáticas fue muy positiva, aseverando, la gran mayoría, que esto contribuye a la creación de un ambiente armónico, en el que los alumnos pueden compartir ideas, procesos de solución y conclusiones de las actividades, rescatando un punto sustancial referente a la reducción de la complejidad en las actividades y, por ende, al establecimiento de una solución más rápida y variada para las problemáticas planteadas.

Para conocer la opinión de los niños de 4° grado de primaria, se utilizó un cuestionario de opción múltiple; el planteamiento de los reactivos fue cerrado con el objetivo de obtener datos específicos, para posteriormente realizar el análisis sobre su perspectiva acerca de la metodología utilizada en su formación.

Los educandos contestaron que al realizar las actividades con sus compañeros pueden compartir ideas y conocer la perspectiva que tiene cada uno sobre una misma temática, teniendo la oportunidad de comprender mejor los problemas que se les plantean en el aula, comentando que entre más miembros sean los que aportan sus ideas, las explicaciones son mucho más significativas y las opiniones son más variadas.

Comentaron que les agrada utilizar esta estrategia en sus clases, pero que en ocasiones son solo algunos compañeros los que realmente trabajan en el equipo, presentándose la desorganización en las actividades. De igual manera se rescataron los elementos que limitan el trabajo colaborativo referentes a la mala organización, comunicación de los equipos y al desorden grupal, estableciendo niveles del 1 al 3, siendo el de mayor impacto para los alumnos la mala organización que se presenta en el aula al trabajar colaborativamente.

Como se reflejó, el establecimiento del trabajo colaborativo fue visualizado como una oportunidad para favorecer el proceso de aprendizaje de los alumnos, de romper con los estigmas del tradicionalismo, de las prácticas monótonas y sobre todo poder crear un nuevo panorama donde ellos mismos sean los que construyan su propio conocimiento.

Descripción y focalización del dilema

Al concientizarse de las nuevas exigencias impuestas por una sociedad más crítica, y al realizar una mirada retrospectiva sobre la práctica educativa se pudo plantear el dilema específico en el cual se contemplan las debilidades que como futuro docente se deben de erradicar, con el fin de ser parte de los profesionales comprometidos con su formación continua; por lo anterior, en este trayecto fue necesario "establecer actitudes positivas como profesorado frente a las propuestas de innovación práctica y desarrollar elementos de acción educativa que provoquen un cambio actitudinal docente" (Traver, 2007: 12).

Tomando como elementos clave los procesos de formación y mejora educativa, así como a los lineamientos de la práctica profesional se planteó el dilema: ¿Puedo establecer estrategias motivadoras que mantengan el interés suficiente de los alumnos en base a la modalidad del trabajo colaborativo?

Esta temática se rescató a partir del documento base para la consulta nacional (2011), en el cual se presenta el perfil de egreso de la Licenciatura en Educación Primaria, las competencias profesionales que le dan una estructura formal al dilema detectado. De esta manera, fue retomado el ámbito referente a la "Promoción del aprendizaje de todos los alumnos", el cual contempla la competencia: "Propicia y regula espacios de aprendizaje incluyentes para todos los alumnos, con el fin de promover la convivencia, el respeto y la aceptación". De igual forma se consideró la unidad de competencia: "Promueve actividades que involucren el trabajo colaborativo para impulsar el compromiso, la responsabilidad y la solidaridad de los alumnos" (SEP; 2011).

Se planteó como principal objetivo en este informe participar en un proceso de mejora continua, en el cual se pretendió fortalecer el manejo de situaciones didácticas en las que se conserve el interés y motivación del alumnado; asimismo, impulsar ambientes de aprendizaje en base a la metodología de trabajo colaborativo, desarrollando la habilidad para crear espacios de respeto y tolerancia adecuada entre compañeros.

Hablar de actividades en colaboración es referirse a una de las acciones más complejas a desarrollar en la práctica educativa, por todos los compromisos que esta requiere, no solamente en Matemáticas, sino su importancia y significación en todas las asignaturas a nivel básico y superior.

Resulta imprescindible señalar que este dilema fue tomado con el propósito de ser una docente competente, capaz de infundir en los infantes esa pasión e inquietud por la adquisición de conocimientos nuevos, fungiendo como mediador de pensadores matemáticos, aptos para reconocer que en base a la interacción con sus iguales pueden apropiarse de aprendizajes sólidos y permanentes.

Descripción de las actividades de las acciones didácticas como alternativa de solución del dilema

Derivado de la competencia seleccionada se ha planteado en este trabajo el reto de la creación de estrategias motivadoras para la comprensión de procesos matemáticos mediante el trabajo colaborativo; la cual se realizará a través de la planificación detallada de actividades que formarán parte de las acciones.

El plan se constituye por dos acciones las cuales estarán encaminadas a promover actividades que involucren el trabajo colaborativo para impulsar el compromiso, la responsabilidad y la solidaridad de los alumnos, una de estas será planificada en base a los contenidos manejados en el libro de cuarto grado de educación primaria "Desafíos Matemáticos", en base las lecciones 61 y 62 denominadas: "Cuadriláteros" y "¿En qué se parecen?

Resulta importante aclarar que la segunda y última acción de este plan incorporará a la comunidad institucional, teniendo una cobertura más extensa y metas más amplias. Debido a las características de la misma, no se establecerá una asignatura ni tema específico para su desarrollo.

Acción 1: ¡Ahora todos juntos! Vamos a reconocer cuadriláteros

La primera acción denominada "¡Ahora todos juntos! Vamos a reconocer cuadriláteros" pertenece al campo formativo pensamiento matemático y está basada en los contenidos del libro "Desafíos matemáticos", con un tiempo de duración aproximado de una hora, corresponde al tercer bimestre de cuarto grado; tiene como objetivos concretos la promoción del trabajo colaborativo.

Esta acción consistirá en el desarrollo de estrategias con una secuencia didáctica motivadora y formal integrada por tres momentos básicos: inicio, desarrollo y cierre, favoreciendo algunas competencias en el alumno, como son: comunicar información matemática, validar procedimientos y resultados, por último se presenta la habilidad para manejar técnicas eficientemente.

Se implementarán diversos recursos didácticos como un esquema ilustrativo, memorama, formatos para el registro de puntajes sobre el juego manejados por los propios alumnos, hojas de trabajo para la elaboración de actividades y formatos de autoevaluación.

El propósito específico de esta acción será basado en el desarrollo de habilidades docentes como el manejo de diversos escenarios de acuerdo al tratamiento del dilema a través de las actividades planificadas, además propiciar una oportunidad novedosa de organización grupal de acuerdo a la implementación de situaciones didácticas innovadoras basadas en la colaboración.

Se iniciará con la movilización de conocimientos previos para adentrarse en el tema de los cuadriláteros y su clasificación en base a preguntas detonantes que tendrán que responder los alumnos como: ¿Qué es un cuadrilátero?, ¿Por qué se le otorga el nombre de cuadrilátero?, ¿En qué lugares has observado cuadriláteros?, entonces ¿Cuáles serían las características de los cuadriláteros?

Se continuará con una explicación grupal ofrecida por la docente en el que retomarán conceptos clave para la comprensión del tema como la definición de líneas paralelas y perpendiculares; de igual manera, para el seguimiento de la clase la docente en formación se apoyará por un esquema acerca de la clasificación de los cuadriláteros con el cual los alumnos podrán participar al organizar los aprendizajes mediante este recurso.

Posteriormente se organizará a los alumnos en equipos de 5 integrantes por medio de la asignación de números, esto con el fin de que los subgrupos tengan una buena distribución; en este espacio entra la capacidad de la docente para establecer equipos estratégicos, ya que es posible que se realicen adecuaciones a los elementos del currículo, según la necesidad de agrupamiento, reubicando a los alumnos de acuerdo a los integrantes pertenecientes a cada equipo, considerando sus actitudes y desenvolvimiento dentro del aula.

Los equipos tendrán la posibilidad de poner en práctica los conocimientos adquiridos en base al trabajo lúdico, que en este caso se refiere a la implementación de un memorama basado en el desafío "¿en qué se parecen?" del libro de texto "Desafíos Matemáticos", página 113; en el cual tendrán la responsabilidad de terminarlo, es decir, deberán asignar el nombre a cada tarjeta según las figuras geométricas mencionadas en la explicación y de esta manera poder comenzar a jugar. Para seguir con esta actividad se les entregará un formato para el conteo del puntaje durante el desarrollo de su juego, el cual desarrollarán en un tiempo preestablecido; ganará el jugador con mayor cantidad de puntos recabados.

Acto seguido, se organizará una actividad en hojas blancas realizada por el mismo equipo; esta consistirá en ponerse de acuerdo para escoger las tres figuras que más hayan llamado la atención de los integrantes asignando roles de acuerdo a la responsabilidad individual que tendrá cada alumno como integrante del equipo, de tal manera que colocarán en cada apartado de su ejercicio un dibujo de la figura en el que agreguen las características y nombres correspondientes.

Para el cierre de esta acción se establecerá una actividad en la que los alumnos expondrán su producto realizado ante el grupo, darán a conocer el ganador de su equipo en la actividad del memorama y se compartirán las vivencias que dejaron un aprendizaje durante la actividad.

Para valorar las estrategias desarrolladas, serán los mismos alumnos quienes tendrán la responsabilidad de realizar su autoevaluación, manejada mediante la estrategia "¡Corre tiempo!" en la que tendrán que poner toda su atención en las preguntas presentadas en el formato otorgado por la docente para poder contestarlas en tan solo un minuto.

A partir de dicha evaluación se implementarán dos formatos más para concretar la valoración formal de todo el proceso realizado, los cuales estarán formados por una lista de cotejo en la que se establecerá el desenvolvimiento de los alumnos de manera individual, incorporando elementos de desenvolvimiento y compromiso; asimismo se concluirá con una rúbrica en la que se tomará en cuenta la participación general de todo el equipo para la elaboración de las actividades.

Desarrollo, reflexión y evaluación de la propuesta de mejora

Para poder realizar la reflexión de la práctica se implementó un proceso sistemático fundamentado en los planteamientos de Schön y perfeccionado en la práctica por Smith determinado como Ciclo reflexivo de Smith, en este se establecen cuatro elementos: descripción, análisis, confrontación y reconstrucción de la práctica, elementos básicos para el seguimiento del plan estratégico (Escudero, J. M., Bolívar, A., González, M.T., y Moreno, J.M. 1997).

Siguiendo este análisis, se realizó una descripción de las actividades, haciendo referencia al enfoque educativo en matemáticas, el cual establece que la perspectiva desarrollada por los alumnos a través de sus experiencias educativas al estudiar esta asignatura en educación básica, puede traer como consecuencia el gusto o rechazo por la misma, así como la creatividad por buscar soluciones en problemáticas de su vida cotidiana.

Con el enfoque que se implementó en este plan de acción se logró que los alumnos construyeran conocimientos y habilidades con sentido y significado, es decir, a partir de sus aprendizajes significativos, los alumnos adquirieron herramientas para desenvolverse en su vida cotidiana, actuar apegados a los valores, tomando buenas decisiones y aplicando los conocimientos adquiridos para enfrentar las problemáticas que se presentan a lo largo de su formación.

En el plan de acción se contempló la posibilidad de adquirir las habilidades para contrarrestar el dilema planteado, creando acciones que favorecieron de manera personal el dominio y la destreza para ofrecer a los alumnos la facilidad de expresar sus ideas y de enriquecerlas con las opiniones de los demás, a partir de actividades en las que desarrollen actitudes positivas en favor de la colaboración.

Retomando la última faceta de dicho proceso se citan los resultados obtenidos en las 2 acciones implementadas, argumentando que las secuencias didácticas expuestas describieron el esfuerzo por hacer de las Matemáticas una asignatura donde la enseñanza, la adquisición de conocimientos, los recursos didácticos, el juego y la correlación de asignaturas coexisten en clases no tradicionalistas.

Acción 1: ¡Ahora todos juntos! Vamos a reconocer cuadriláteros

Para comenzar con la revaloración de estas acciones se citó la primera "¡Ahora Todos juntos! Vamos a reconocer cuadriláteros"; la cual estuvo integrada por tres momentos: inicio, desarrollo y cierre, llevados a cabo con gran eficiencia en el aula. La estrategia fue realizada por los 27 alumnos pertenecientes a 4° grado, con los recursos didácticos pertinentes referentes a un esquema ilustrativo, un memorama, formatos para el registro de puntajes por los propios alumnos y hojas de trabajo para la elaboración de actividades.

Un elemento muy importante en esta actividad fue la guía que se estableció por parte de la docente; ya que al reconocer los principales criterios y elementos que forman parte del éxito en el trabajo colaborativo, fue necesario tomar en cuenta aspectos como la distribución estratégica de equipos, la asignación de roles, el establecimiento de objetivos previos a las actividades y, sobre todo, la aplicación de herramientas en base a estrategias lúdicas, como la implementación de un memorama mencionado anteriormente como parte de los recursos didácticos, lo cual llama su atención por el simple hecho de ser un juego.

Estos factores fueron sumamente positivos para la organización del trabajo, desarrollándose sin problema la planificación desde el inicio, en la movilización de conocimientos previos, considerando como una estrategia clave impulsar a los niños para desarrollar sus estructuras de conocimiento solicitándoles que hagan predicciones acerca de varias situaciones y expliquen las razones de estas. En este espacio los niños se mostraron participativos e interesados por la temática, siendo las preguntas realizadas motivantes para ello.

Un punto complicado durante las clases fue la distribución del alumnado en equipos, esto debido a las preferencias que comúnmente se hacen etiquetando a sus compañeros y discriminándose; tal fue el caso de dos alumnos quienes tuvieron dificultades para la eliminación de estereotipos, ya que presentaban problemas para integrarse con sus compañeros, en particular con las niñas.

A pesar de su actitud retadora se pudo propiciar un ambiente productivo, lo cual fue un logro muy satisfactorio como docente, ya que poder concluir con la formación en equipos de este grupo fue un reto desde un inicio, por lo que se puede considerar que se comprendió el sentido de trabajar colaborativamente.

Este proceso resultó benéfico para todo el grupo, pues descubrieron el sentido del apoyo mutuo, especialmente con compañeros que presentaban diversos ritmos de aprendizaje; ya que a partir de las actividades planteadas pusieron en práctica y a prueba actitudes en favor del compañerismo; fue en la actividad de clasificación a partir del esquema de cuadriláteros, en donde se realizaron ejercicios de manera exitosa a través de la organización dirigida por la docente en formación, quien en todo momento estuvo en constante observación, atenta a todas las necesidades que expresaban los alumnos, ya que una peculiar característica es que cuando ellos no saben qué hacer, tienden a desesperarse y empieza la movilización ociosa causando la indisciplina.

En el desarrollo de esta acción un factor sumamente importante fue la integración de actividades que llamaran su atención, ya que, como lo asegura Vargas (s.f.), la importancia otorgada a la actividad dependerá del interés que despierte en el alumno de acuerdo al contexto en el que se desenvuelve, reconociendo el aprendizaje escolar como un proceso de enculturación en el cual los estudiantes se integran gradualmente a una comunidad o cultura de prácticas sociales.

Por lo anterior se incorporó el manejo de un memorama, incorporando el juego como una herramienta de aprendizaje, pero sobre todo como un elemento de motivación y reforzamiento del conocimiento, ya que para poder jugar era necesario que los alumnos se organizaran para concretar el material, el cual estratégicamente comprometía la participación de todos al registrar las participaciones y el conocimiento de la información presentada a lo largo de la acción sobre cuadriláteros, siendo necesaria la colocación de los nombres de acuerdo a la característica e imagen presentada en la carta del memorama.

Las estrategias cumplieron el propósito de integración de los estudiantes, se buscó que todos se ubicaran y se sintieran parte del equipo; asimismo, aprendieron el sentido de organización apoyándose mutuamente, promoviendo la inclusión, incorporando en la actividad a los alumnos con dificultades para centrar su atención y culminar en el tiempo correspondiente; al ver a sus compañeros trabajar con el último formato en donde tuvieron que seleccionar tres figuras que llamaran su atención, todos querían contribuir, algunos trazando líneas, otros coloreando o colocando las principales características de las figuras.

Como docente se fundamentó esta acción en el criterio de propiciar la igualdad de los grupos, fomentando la corresponsabilidad por cada uno de los integrantes al hacerlos partícipes de los resultados, haciendo hincapié en la importancia de una buena comunicación tanto del docente-alumno como entre compañeros.

Para cerrar esta estrategia se implementó una autoevaluación estratégica llamada "Corre tiempo" en la cual los alumnos debían contestar algunas preguntas, lo cual fue difícil para ellos, ya que no están acostumbrados a concentrarse en una sola actividad; sin embargo, a través de la supervisión se logró con éxito la recuperación de la información para evaluar los conocimientos adquiridos.

Retomando el éxito de esta actividad, se necesita apertura a nuevas ideas, compartir puntos de vista diferentes, tolerancia a situaciones ambiguas, valorar la posibilidad de cambio e innovación y asumir ciertos riesgos. La asunción de estas características conlleva flexibilidad de presupuesto, de ideación que posteriormente se pueda traducir en actividad concreta y específica. "El docente debe de caracterizarse por ser un individuo flexible en su labor, ya que su desempeño y la calidad de su labor dependen de la eficiencia de las situaciones educativas propuestas" (Villa y Yániz; 1999, p. 4).

Conclusiones y recomendaciones

Crear un plan estratégico e innovador que comprendiera situaciones didácticas formales para el desarrollo de competencias, con el objetivo de lograr la inclusión de los alumnos e incorporar el trabajo colaborativo en su metodología de aprendizaje, eliminando las prácticas tradicionalistas y monótonas durante su preparación educativa, fue una de las mejores experiencias durante la formación profesional como futuro docente, ya que en este proceso la responsabilidad de superación era individual y con la sociedad, añadiendo que el compromiso se estableció con una institución emblemática, caracterizada por su espíritu de progreso y participación en la comunidad.

A través de esta experiencia no solamente se favoreció una competencia, la cual se refirió a propiciar y regular espacios de aprendizaje incluyentes para todos los alumnos, con el fin de promover la convivencia, el respeto y la aceptación, sino que también se fortalecieron otras áreas básicas para la profesionalización docente, como fue la gestión de recursos, la implicación de los alumnos en la construcción de su propio aprendizaje como parte sustancial de este proceso, la creación de secuencias didácticas innovadoras, la formulación de ambientes de aprendizaje en base a la empatía grupal y, sobre todo, la organización de la información personal para poder establecer actividades funcionales.

Se concluye que la formalización de conocimientos, habilidades y actitudes docentes generales tuvieron una mejoría notoria en esta transición, ya que se adquirió mucho más seguridad para enfrentar los deberes y dilemas que se pueden desarrollar en la profesión; de igual manera, se estableció el reto de promover no solo el trabajo colaborativo como una herramienta didáctica, sino propiciar la incorporación de distintas metodologías motivadoras e interesantes para los alumnos y también para la labor docente, rompiendo con esquemas tradicionalistas, atreviéndose a ser distintos en el trabajo diario como titular.

Este proceso fue basado en un enfoque de competencias, mismo que no se trata de un término que establece una comparación entre alumnos para determinar el mejor o el peor; este criterio trató de caracterizar a un estudiante competente cuando es capaz de comprender, desarrollar e implementar los conocimientos que adquirió durante su formación en su contexto durante su vida cotidiana.

Recordar que la educación básica es uno de los cimientos para construir grandes personalidades que darán pie a un cambio global, con individuos pensantes, reflexivos, capaces de emitir criterios y juicios en base a referencias sólidas de conocimientos. El docente se presenta como ejemplo de lucha, dedicación y superación constante, en sus manos está la esperanza de construir un mejor mundo en colaboración.

Referencias

Avolio de Cols, S. y Lacolutti, M. D. (2006). Enseñar y evaluar en formación por competencias laborales: orientaciones conceptuales y metodológicas. (p. 220) cap.8

Bresque, R., Moreira, H. y Flores, M. (2011) *Como investigar cualitativamente. Entrevista y Cuestionario, en Contribuciones a las Ciencias Sociales*. Recuperado de: www.eumed.net/rev/cccss/11/

Dirección General de Educación Superior para Profesionales de la Educación, [DGESPE]. (2011) *Perfil de egreso*. Recuperado de: http://www.dgespe.sep.gob.mx/reforma_curricular/planes/lepree/plan_de_estudios/perfil_de_egreso

Escudero, J. M. Bolívar, A., González, M.T. & Moreno, J.M. (1997). Diseño y desarrollo del curriculum en la educación secundaria. Cuaderno 7. Barcelona, España: Horsori.

Fierro, C. Fortoul, B. y Rosas, L. (1999). *Transformando la práctica docente. Una propuesta basada en la investigación acción*. México/ Barcelona/Buenos Aires: Editorial Paidós. P. 247. Colección Maestros y Enseñanza, núm. 3.

Instituto Nacional para la evaluación de la educación [INEE], (2013). *Manual de aplicación de los cuestionarios para profesores y alumnos*. (PP.9-15).

Meece, J. (2000). *Desarrollo del niño y del adolescente. Compendio para educadores*, SEP, (pp. 101-127). México, D.F.

Moreno Martínez, M.M. (1999). *Un camino para aprender a aprender* (pp.19-44)

Secretaría de Educación Pública [SEP], (2011). *Documento base para la consulta nacional* (pp. 14- 33)

Secretaría de Educación Pública [SEP], (2010). *Lineamientos de evaluación docente (evaluación del desempeño docente bajo el enfoque de competencias).*

SEP, (2010). *Programa Escuelas de Calidad.* Recuperado de: http://www.sepbcs.gob.mx/Programas Escuela%20Calidad/MexicoPECX/Modelo%20de%20Gestion%20Educativa.pdf

SEP, (2011). *La tarea educativa de una Escuela de Tiempo Completo Una mirada desde la dirección escolar.* Recuperado de: http://www.secsonora.gob.mx/coordinacion/uploads/2.GuiaLatareaeducativa.pdf

SEP, (2011) *Perfil de egreso de la licenciatura en educación primaria.* Plan de Estudios de Estudios 2011, pág.28

Traver, J. A. & García López, R. (2007). *Construcción de un cuestionario-escala sobre actitud del profesorado frente a la innovación educativa mediante técnicas de trabajo cooperativo (CAPIC).* Revista Electrónica de Investigación Educativa, 9 (1).Recuperado de: http://redie.uabc.mx/vol.9no1/contenido-traver.html

Vargas, D. E. (s,f). *La situación de enseñanza y aprendizaje como sistema de actividad: el alumno, el espacio de interacción y el profesor.* Área de Psicología Educacional en Formación Docente, Paso de los Toros, Uruguay. 11 Págs.

Villa, S. A. y Yániz, D. E. (1999). *Aprendizaje organizativo y desarrollo profesional.* Universidad de Deuto.

Estrategias motivadoras para la comprensión de procesos matemáticos mediante el trabajo colaborativo

Apuntes y reflexiones

Mtro. Julio César Pérez Mercado

EL DOCENTE ES el actor principal en el proceso de mejoramiento de la calidad educativa; es el nexo en los procesos de aprendizaje de los alumnos y las modificaciones en las instituciones. Las reformas educativas se traducen en las escuelas y llegan al aula por medio del docente. Es importante que las escuelas normales formen profesionales eficaces y eficientes para poner en práctica distintas estrategias didácticas, a fin de acceder a mejores logros educativos.

Desde esta perspectiva, y tras el análisis que se hace al respecto de esta temática, se puede evidenciar que la utilización de recursos novedosos y estrategias motivadoras para los alumnos durante las prácticas profesionales llevará a los docentes al logro de todos los objetivos propuestos. Eliminar las prácticas tradicionalistas y monótonas desde las aulas y fomentar la elaboración de planeaciones didácticas innovadoras que comprendan estrategias motivadoras, guiará al profesional de la educación a la inclusión de todos sus alumnos.

Mientras no se diseñen planificaciones didácticas que fomenten la inclusión de todos sus alumnos a través de la puesta en marcha de estrategias motivadoras, estos seguirán teniendo desinterés hacia la clase, adquirirán aprendizajes superficiales y se centrarán solamente en la realización de trabajo individualizado. Esto los llevará a no saber trabajar en colectivo y cuando se enfrenten al ámbito laboral y social, su desempeño se verá afectado por el bajo desarrollo de esta competencia que no adquirieron en su vida estudiantil.

El informe "Estrategias motivadoras para la comprensión de procesos matemáticos mediante el trabajo colaborativo" es un claro ejemplo de decisión por parte de la autora para disminuir la brecha existente entre la práctica tradicional y las prácticas docentes innovadoras centradas en el aprendizaje del alumno. Esto se enmarca en el reconocimiento del dilema en cuestión que permite fijar y tomar un rumbo en específico, mismo que llevará, no solo a la consolidación de una de las unidades de competencias marcadas en el Plan de Estudios, sino a otras más contenidas en este.

Como se expuso en el párrafo anterior, se reconoce no solamente el despliegue de una unidad de competencia, sino que también se fortalecieron otras áreas básicas para la profesionalización docente, como fue la gestión de recursos, la implicación de los alumnos en la construcción de su aprendizaje como parte sustancial de este proceso, la creación de secuencias didácticas innovadoras, la formulación de ambientes de aprendizaje en base a la empatía grupal y la organización de la información personal para establecer actividades funcionales.

Con el registro y reflexión de las actividades propuestas se pudo observar en qué medida la autora fortaleció el manejo de situaciones didácticas en las que se conservó el interés y motivación del alumnado; impulsó ambientes de aprendizaje en base a la metodología de trabajo colaborativo, y desarrolló la habilidad para crear espacios de respeto y tolerancia adecuada entre compañeros.

En conclusión, se rescata que la autora consolidó a lo largo de su estancia en la EN las competencias promovidas en el Plan de Estudios 2012 trabajadas en los diferentes trayectos formativos. De igual forma, se puede afirmar que se apropió de conocimientos, habilidades y actitudes que le permitieron demostrar que es competente en la implementación de estrategias motivadoras para fomentar la comprensión de procesos matemáticos mediante el trabajo colaborativo, demostrándose esto en la toma de decisiones oportunas, en la puesta en marcha de las actividades propuestas y en la reflexión que se hace para su evaluación.

El trabajo colaborativo como estrategia para la adquisición de saberes en alumnos de tercero preescolar

Carmen Cecilia Esquer Félix

Contexto en el que se realiza la mejora

Intención

EL PRESENTE INFORME de prácticas profesionales tiene como propósito desarrollar mediante un proceso reflexivo, la valoración de capacidades como futura docente, mismas que permitirán analizar, deliberar y comprender cuáles son los puntos clave que se deberán trabajar para fortalecer el trabajo colaborativo como una estrategia para la adquisición de saberes en los alumnos, deliberando una serie de acciones que contribuyan a mejorar el desempeño educativo en la interacción con el grupo con el que se trabaja.

Mediante la reflexión crítica de la práctica pude establecer una relación entre el área de oportunidad del trabajo colaborativo como estrategia para generar saberes, y lo que establece la Dirección General de Educación Superior para Profesionales de la Educación (2012), considerando que dentro del perfil de egreso como futura docente es esencial potenciar una competencia que favorece la mejora de la práctica educativa, esta se manifiesta no solo en el diseño de estrategias didácticas para promover un ambiente propicio para el aprendizaje, sino que también en su implementación, fortaleciendo principalmente el trabajo colaborativo.

Espero que al fortalecer la competencia que implica la creación de ambientes propicios para el aprendizaje, se favorezca la puesta en marcha de estrategias que contribuyan al mejoramiento de la dinámica para el trabajo colaborativo dentro del aula, las cuales potencian la adquisición de aprendizajes para la vida en sociedad, la negociación de conocimientos, habilidades, actitudes y valores, todos estos indispensables para la resolución de tareas en las que participen personas con una meta en común.

Entre los actores que se verán beneficiados con la aplicación de estrategias para el trabajo colaborativo dentro del aula figura quien redacta como la futura docente, encargada de guiar el proceso de aprendizaje en conjunto y generar ambientes formativos para el desarrollo de actividades compartidas; además de involucrar el desempeño de los alumnos, quienes compartirán una serie de tareas con el fin de fortalecer sus habilidades comunicativas y sociales en la reconstrucción de saberes.

Contextualización

Las prácticas profesionales se realizaron durante el ciclo escolar 2014-2015, en el Jardín de Niños "Carlos Lorenzini", con dirección en avenida Caborca 906 y Luis Donaldo Colosio, colonia 16 de Junio, Navojoa, Sonora; C.P. 85893, es de sostenimiento federal y corresponde al contexto urbano; cumpliendo con un horario para el personal docente de 8:00 am a 12:30 pm en verano, mientras que en invierno atiende de 8:30 am a 12:30 pm; este centro educativo brinda sus servicios a un total de 125 alumnos inscritos.

Las relaciones interpersonales de los actores que participan en el proceso educativo, tales como directora, maestras, alumnos además de padres de familia, se sustentan en un ambiente de respeto y cordialidad donde predomina la confianza, manteniendo un trato amable, donde la comunicación y el diálogo son el principal apoyo para llegar a acuerdos, así como también para la resolución de problemas que impiden el óptimo desempeño no solo intelectual sino afectivo de los niños; siendo la meta principal que los educandos lleguen a cumplir con los estándares curriculares que se describen en el Programa de Estudio 2011 (PE 2011), fortaleciendo sus capacidades y habilidades para enfrentarse a la vida.

Diagnóstico

Durante los siete semestres cursados en la Licenciatura de Educación Preescolar, he tenido la oportunidad de practicar en diferentes periodos del ciclo escolar; mediante la reflexión de estas intervenciones educativas me di cuenta que me hace falta reforzar una competencia muy importante, que consiste en crear ambientes formativos que propicien la implementación de estrategias que contribuyan al trabajo colaborativo dentro del aula, entre ellas las actividades que se planifican como un método para poder desarrollar un conjunto de capacidades, habilidades, actitudes y valores en los niños.

Para entender mejor el área de oportunidad planteada es necesario enunciar una pregunta, ¿es el trabajo colaborativo una verdadera estrategia para generar saberes?, mi respuesta es sí, puesto que mediante ella se favorece el trabajo entre iguales en el que a través de la movilización de conocimientos, se ve reflejado el intercambio de puntos de vista, así como también las posibles soluciones que se le pueden dar a una tarea asignada para un grupo de personas, puesto que, "cuando hablamos de aprendizaje mediado por otros, o bien de aprendizaje grupal, nos referimos ante a todo un grupo que aprende" (Díaz y Hernández, 2010, p. 85).

Para poder identificar cuáles son las conductas así como las habilidades comunicativas que los niños reflejan para el óptimo desarrollo del trabajo colaborativo, apliqué una escala de valoración, en la que se incluyeron aprendizajes esperados del PE 2011, considerando el campo formativo Lenguaje y Comunicación, así como también Desarrollo Personal y Social, los cuales favorecen competencias para la vida en sociedad.

Al analizar los resultados, pude llegar al diagnóstico de que las áreas de oportunidad que presentan mis alumnos, se distinguen en el desarrollo de actividades a través de trabajo colaborativo para potencializar la adquisición de saberes, complementando que la poca disposición del grupo es uno de los problemas al que me enfrento actualmente; este será mi punto de partida para diseñar estrategias que conduzcan al interés de los alumnos, que a su vez dé como resultado la adquisición de conocimientos, habilidades, aptitudes y valores mediante la puesta en marcha de actividades que impliquen la socialización y el fomento de valores entre compañeros.

Resulta oportuno mencionar que los alumnos no están poniendo en práctica la socialización, ya que al estar realizando alguna tarea compartida, no se dirigen a sus compañeros para ofrecer ayuda, identificando la costumbre a que la mayoría de las actividades son individuales; de igual manera el pedir ayuda no es algo fácil para los niños, puesto que se identifica la aparición de prejuicios que solo crea la indisposición a tener una comunicación clara y fluida entre el equipo de trabajo, misma que se interpone para la toma de acuerdos.

El trabajar colaborativamente requiere del compromiso de cada uno de los integrantes que componen un equipo; sin embargo, esto no se ve reflejado, ya que en el momento de que los alumnos están trabajando juntos llega un instante en que alguno abandona la tarea, sin importar el resultado de la actividad; es en esos casos cuando se ve reflejada la falta del respeto al desempeño de sus compañeros, tomándolo como un pretexto para no seguir trabajando.

Descripción de las actividades de las acciones didácticas como alternativa de solución del dilema

Para contribuir al mejoramiento del trabajo colaborativo dentro del aula, se pretende abordar una serie de acciones encaminadas a la mejora de la práctica educativa, que contribuyan a un ambiente propicio para el aprendizaje durante la aplicación de actividades que favorezcan la socialización del conocimiento en los niños, donde como futura educadora, junto con el grupo de alumnos, se genere un clima favorable para el intercambio de saberes, desarrollando las habilidades comunicativas, así como también el fomento de valores que den como resultado la aceptación de ideas compartidas por otros compañeros.

Trabajo por áreas de aprendizaje para favorecer el trabajo en equipo

El trabajo por áreas permite a los niños identificar sus opciones, posibilitando que organicen sus acciones, conozcan los materiales disponibles, trabajen y sepan lo que pueden hacer con ellos, además de fortalecer el trabajo colaborativo, ya que, existen espacios predeterminados que son indispensables porque apoyan el desarrollo de aprendizajes y perfil al favorecer la libertad de acción, la seguridad y la autonomía de los niños en las actividades que realizan (CONAFE, 2009). Por ende se realizará un rol de trabajo donde se apliquen las actividades durante los mismos días, para que todos los alumnos logren involucrarse en distintas experiencias simultáneamente.

Propósito general: observar detalladamente el desarrollo y ejecución de actividades compartidas, donde los alumnos trabajen asumiendo una tarea compartida.

Actividad 1. Exposición de imágenes literarias mediante el trabajo colaborativo

El propósito de esta actividad es identificar el nivel de comunicación que existe entre el grupo de alumnos para lograr un trabajo de forma colaborativa donde expongan sus ideas a los otros compañeros, fortaleciendo el hábito de lectura; la realizaré durante tres días consecutivos del 14 al 16 de abril de 2015, con la finalidad de que todos los alumnos tengan la oportunidad de vivir la experiencia en la manipulación de distintos textos literarios.

Entregaré a los niños un gafete en el que identificarán su nombre y el número que se les asignó como integrante de un equipo, siendo así, mediante un rol de trabajo que siempre estará pegado dentro del aula y a la vista de todos, se organizarán en las distintas áreas de aprendizaje, en este caso, el espacio específico será la biblioteca del aula; para que los educandos trabajen de manera colaborativa y al mismo tiempo cómodos, ubicaré el mobiliario necesario como dos mesas y nueve sillas.

Después cuestionaré a los niños lo siguiente: ¿qué es necesario recordar para poder tener un buen trabajo en equipo?, ¿cómo se comprometen para lograrlo?, posteriormente les indicaré que pueden tomar el libro que más llame su atención de la biblioteca, para que traten de leerlo y elijan la imagen que más les gustó, para que la dibujen en una hoja blanca y puedan juntos armar una exposición de imágenes que al culminar les mostrarán a sus compañeros, explicando qué fue lo que dibujaron y el porqué lo eligieron; por último les cuestionaré, ¿cómo se apoyaron al trabajar en equipo?, ¿cuáles son las reglas que se respetaron y cuáles no?, favoreciendo la comunicación entre pares, así como también de alumnos a maestra.

La importancia que tiene dicha actividad es que se promoverá el trabajo en equipo así como las reglas que conlleva, para propiciar el intercambio de ideas que los lleve a la socialización del conocimiento; los recursos materiales necesarios para su realización será el área de biblioteca, hojas blancas, crayolas, mesas, sillas, gafetes y un rol de trabajo por áreas; mientras que los humanos, un equipo de nueve niños; la forma en que la evaluaré será mediante una lista de verificación para identificar las competencias que los alumnos presentan durante el trabajo colaborativo.

Actividad 2. Elaboración de germinadores mediante el trabajo en equipo

El propósito de esta actividad es identificar el nivel de comunicación que existe entre un grupo de alumnos para lograr un trabajo de forma colaborativa donde expongan sus ideas a los otros compañeros, haciendo uso de las ciencias experimentales; la realizaré durante tres días consecutivos del 14 al 16 de abril de 2015, con la intención de que todos los alumnos tengan la oportunidad de vivir la experiencia de realizar su propio germinador de frijol, entendiendo de manera más significativa el proceso de un experimento.

Entregaré a los niños un gafete en el que identificarán su nombre y el número que se les asignó como integrante de un equipo, siendo así, mediante un rol de trabajo que estará pegado dentro del aula, se organizarán en las distintas áreas de aprendizaje; en este caso, el espacio específico será el área de experimentación; para que los educandos trabajen de manera colaborativa y al mismo tiempo cómodos, ubicaré el mobiliario necesario como dos mesas y nueve sillas.

Después cuestionaré a los niños lo siguiente: ¿qué es necesario recordar para poder tener un buen trabajo en equipo?, ¿cómo se comprometen para lograrlo?, posteriormente les indicaré que pueden pasar a su área correspondiente para que tomen el material necesario para crear un germinador de frijol; siendo así les daré las indicaciones de los pasos que habrán de seguir para crear los germinadores; al culminar mostrarán a sus compañeros su trabajo, explicando cuál fue el proceso que siguieron como equipo; por último les cuestionaré, ¿cómo se apoyaron al trabajar en equipo?, ¿cuáles son las reglas que se respetaron y cuáles no?, favoreciendo la comunicación entre pares, así como también de alumnos a maestra.

La importancia que tiene dicha actividad es que se promoverá el trabajo en equipo así como las reglas de convivencia que van inmersas en él, para propiciar el intercambio de ideas que los lleve a la socialización del conocimiento; los recursos materiales necesarios para su realización serán el área de experimentación, vasos desechables, frijol, algodón, mesas, sillas, un rol de trabajo y gafetes referentes al área de trabajo; mientras que los humanos, un equipo de nueve niños; la forma en que la evaluaré será mediante una lista de verificación para identificar las competencias que los alumnos presentan durante el trabajo colaborativo y con el análisis de los trabajos elaborados.

Actividad 3. Exposición de obras de arte, una estrategia para fortalecer el trabajo colaborativo.

El propósito de esta actividad es identificar el nivel de comunicación que existe entre un grupo de alumnos para lograr un trabajo de forma colaborativa donde expongan sus ideas a los otros compañeros, potenciando las habilidades artísticas; la realizaré durante tres días consecutivos del 14 al 16 de abril de 2015, con la finalidad de que todos los alumnos tengan la oportunidad de vivir la experiencia de experimentar con materiales como gises para dar vida a obras de arte.

Entregaré a los niños un gafete en el que identificarán su nombre y el número que se les asignó como integrante de un equipo, siendo así, mediante un rol de trabajo que siempre estará pegado dentro del aula y a la vista de todos, se organizarán en las distintas áreas de aprendizaje, en este caso, el espacio específico será el área de artes; para que los educandos trabajen de manera colaborativa y al mismo tiempo cómodos, ubicaré el mobiliario necesario como dos mesas y nueve sillas.

Después cuestionaré a los niños lo siguiente: ¿qué es necesario recordar para poder tener un buen trabajo en equipo?, ¿cómo se comprometen para lograrlo?, posteriormente les indicaré que pueden pasar a su área correspondiente para que tomen el material necesario para crear su obra de arte; ya preparados, les haré el cometario de que es una actividad libre, en la que expresarán sus talentos artísticos; al culminar mostrarán a los compañeros su exposición de dibujos, explicando qué fue lo que dibujaron y el porqué; por último les cuestionaré, ¿cómo se apoyaron al trabajar en equipo?, ¿cuáles son las reglas que se respetaron y cuáles no?, favoreciendo la comunicación entre pares, así como también de alumnos a maestra.

La importancia que tiene dicha actividad es que se promoverá el trabajo en equipo así como las reglas de convivencia que van inmersas en él, para propiciar el intercambio de ideas que los lleve a la socialización del conocimiento; los recursos materiales necesarios para su realización serán el área de arte, cartoncillo negro, gises, mesas, sillas, un rol de trabajo y gafetes; mientras que los humanos, un equipo de nueve niños; la forma en que evaluaré la acción será mediante una lista de verificación para identificar las competencias que los alumnos presentan durante el trabajo colaborativo y con el análisis de los trabajos elaborados.

Actividad 4. Exposición de áreas de trabajo con padres de familia

El propósito de esta acción es analizar la situación general del grupo, así como sus avances y dificultades para el logro de actividades que implican el trabajo colaborativo; aquí además se fortalecerán los vínculos con padres de familia, dándoles información sobre las conductas y formas de convivencia de sus hijos durante la realización de las actividades planificadas; la realizaré el día 16 de abril de 2015, procurando que los asistentes aprecien el trabajo que grupalmente se logró durante la aplicación de actividades organizadas por equipos, desarrolladas en las distintas áreas de aprendizaje; la ubicación específica será dentro del aula.

Para la participación de los padres de familia en esta actividad se les citará a las 11:00 am para que pasen al aula en compañía de sus hijos; primero iniciaré dándoles la bienvenida y gracias por su asistencia, posteriormente les haré las siguientes preguntas: ¿qué tantas veces en la semana les preguntaron a sus hijos qué es lo que hicieron en la escuela?, ¿qué les platicaron sus hijos sobre cómo trabajaron durante la semana?, posteriormente les pediré que platiquen con su hijo por un momento sobre los trabajos que hicieron, cómo y cuándo los realizaron; después de la charla, les diré una pequeña reflexión en la que la idea central es trabajar en colaboración, cómo sus hijos lo van haciendo cada día mejor, fortaleciendo competencias para la vida.

Por último invitaré a los padres de familia a ver el trabajo que logró hacer el grupo, así como también algunas fotos que implicaron su desarrollo y el esfuerzo de sus hijos al trabajar de forma colaborativa; la importancia que tiene dicha actividad es que se promoverá el trabajo en equipo no solamente con los niños, sino que además, con los padres de familia, creando una triangulación entre los actores participantes en el proceso de aprendizaje.

Los recursos materiales necesarios para su realización serán mesas, sillas, fotos y trabajos realizados por los niños; mientras que los humanos, el grupo de niños y padres de familia; la forma en que evaluaré esta acción, será mediante los comentarios de padres de familia en una hoja blanca que les entregaré al finalizar la reunión, con la siguiente pregunta: ¿cuál es su opinión acerca de la actividad realizada?

Desarrollo, reflexión y evaluación de la propuesta de mejora

En esta sección se hace referencia al análisis de los resultados obtenidos en cada una de las estrategias desarrolladas con la finalidad de mejorar la práctica profesional en cuanto a la aplicación de actividades que implicaron mi relación con el grupo de alumnos; aquí se incluyeron una serie de acciones, con las que pude fortalecer no solo competencias en mí, sino que además en los alumnos, quienes formaron parte importante en el discernimiento del área de oportunidad abordada.

Revisión y evaluación de los resultados obtenidos en cada una de las actividades

Es necesario mencionar que antes de ejecutar las estrategias que se planearon, se identificó que para fortalecer mi poca habilidad en la realización de actividades que implican el trabajo colaborativo dentro del aula, fue necesario trabajar con la creación de ambientes de aprendizaje que contribuyeran a la formación integral de los alumnos, considerando los valores de convivencia como un eje primordial, así como también las habilidades comunicativas; además de potenciar el diseño de situaciones de aprendizaje en las que se incluyeron estrategias didácticas para promover un clima de confianza y armonía, con la finalidad de lograr un verdadero trabajo en equipo, donde se logró la socialización del aprendizaje.

Para tener un mejor resultado consideré necesario aplicar, entre otras, una acción con cuatro actividades específicas, estas para poner en práctica todo lo que anteriormente aprendieron los niños, aquí me di cuenta que el trabajo por áreas es una forma de trabajo mediante la cual los alumnos lograrán socializar con sus compañeros, reflejando valores como la responsabilidad y compromiso hacia una tarea compartida (CONAFE, 2009).

Las tres primeras actividades se diseñaron para ser aplicadas durante los mismos días, con esto programé un rol de trabajo en el que los alumnos identificaron cuál era la tarea que le correspondía hacer a cada uno de los equipos; siendo así, los educandos se mostraron entusiastas, ya que desde la primera clase, aceptaron estar trabajando colaborativamente, respetando las reglas de convivencia, donde identifiqué que el ambiente de trabajo fue de armonía, y sobretodo comunicación, enriqueciendo aprendizajes no solo de un campo formativo, sino de tres; tales como: lenguaje y comunicación, exploración y conocimiento del mundo, además de expresión y apreciación artística.

El trabajar en diferentes áreas de conocimiento al mismo tiempo, fue todo un reto tanto para mí, así como para los niños, ya que tienen una curiosidad muy grande por saber qué es lo que están haciendo sus compañeros y al mismo tiempo quieren estar interactuando con ellos, aspecto que se dio en un principio como novedad por la forma de trabajo, ya que están impuestos a realizar la misma actividad al mismo tiempo.

Uno de los logros más significativos fue observar cómo los alumnos apreciaron el trabajo de otros equipos, mostrándose interesados en saber cuál era la intención de los trabajos ajenos a su subgrupo, donde mi papel fue el de fomentar esos espacios de plática donde la comunicación fue un medio que potenció el intercambio de conocimientos; otro aspecto relevante que pude reflexionar fue que el trabajo por áreas de conocimiento es una ventaja muy grande, y que promoví un gran número de aprendizajes esperados en muy poco tiempo.

Los instrumentos que me facilitaron la evaluación del rol de actividades fue el portafolio de evidencias, en el que introduje fotos de los momentos más significativos en el desarrollo de las actividades; el diario de trabajo, mismo que me sirvió para anotar los logros, dificultades, gustos y disgustos por los alumnos, tomando en cuenta la evaluación general de la actividad, así como individual donde elegí tres niños, identificando al alumno que desde un inicio le costaba relacionarse, este mostró un gran avance en las relaciones interpersonales.

Hechas las consideraciones anteriores es preciso decir que en la lista de verificación con la que estuve evaluando durante tres días, pude ver una nivelación de actitudes en todos los niños, ya que la perspectiva que tenían hacia el trabajo en equipo, cambió en cuanto a la disposición a interactuar con otros, aceptando las diferencias en la forma y ritmo de aprendizaje que se diversificó en el desarrollo de actividades colaborativas.

La cuarta actividad la consideré un cierre detonante donde el objetivo principal fue que los alumnos no solo identificaran que el trabajo colaborativo se puede realizar con sus compañeros, sino que también con otras personas como sus papás; aquí realicé una reunión con padres de familia a la que asistieron la mayoría y participaron muy activamente expresando sus emociones en cuanto al trabajo de sus hijos, reflexionando sobre la importancia que tiene que los niños aprendan a trabajar en equipo.

Estando dentro del aula en el momento que inicié la actividad donde involucré a padres e hijos, me dirigí primeramente a los padres con los cuestionamientos, ¿qué tantas veces en la semana les preguntaron a sus hijos qué es lo que hicieron en la escuela?, ¿qué les platicaron sus hijos sobre cómo trabajaron durante la semana?, estando la presencia de los niños, los padres fueron sinceros y muy pocos levantaron la mano diciendo que todos los días lo hacían, de allí partí para mostrar todos los trabajos que se elaboraron en la semana, con esto, padre e hijo se unieron para platicar sobre cada una de las tareas expuestas.

Realizar esta actividad me dio la oportunidad de que los padres de familia pusieran en práctica el trabajo colaborativo en sintonía con los niños, dando un gran ejemplo a sus hijos, además de que juntos evaluaron mi trabajo en la generación de ambientes propicios para que los alumnos construyeran su aprendizaje, donde mi gran satisfacción fue escuchar comentarios positivos, entre los cuales el que más resaltó fue mi actitud y disposición para trabajar con los niños, además del avance que identificaron en el área emocional de algunos alumnos.

Para llevar el control de los padres que asistieron a la reunión, hice uso de una lista de asistencia al inicio de la sesión; como instrumento de evaluación se les entregó una papeleta con la siguiente pregunta: ¿cuál es su opinión acerca de la actividad realizada?, en la que la mayoría de los padres contestaron favorablemente sobre la importancia que le reiteran a la estrategia de trabajar colaborativamente para la construcción de nuevos aprendizajes así como la convivencia y establecimiento de relaciones interpersonales.

Reflexión de la propuesta de mejora

Al haber realizado un análisis crítico y reflexivo sobre mi intervención durante la práctica profesional, pude identificar logros y dificultades que después de haberlos evaluado, me permitieron crecer como futura docente, ya que es importante hacer una valoración de ello para contribuir a la mejora educativa, fortaleciendo las competencias genéricas y profesionales que distinguen el perfil de egreso de los docentes.

Respecto a las competencias profesionales logré desarrollar estrategias didácticas que contribuyeran a la generación de ambientes formativos para promover el desarrollo de competencias en los niños mediante el diseño de planificaciones, considerando que la modalidad más utilizada fueron las situaciones didácticas en las que, mediante la reflexión continua de las necesidades infantiles, propuse problemáticas de la vida diaria, en las que los alumnos suelen verse involucrados poniendo en práctica sus habilidades.

Centrándome en la identificación de fortalezas desarrolladas mediante la implementación de estrategias didácticas, uno de mis principales logros fue establecer de manera clara y motivante, el compromiso que implica trabajar colaborativamente, reconociendo su importancia, así como los beneficios atribuidos a las actividades realizadas, enfatizando que los conocimientos siempre se verán más diversificados, donde los niños identificaron que en la escuela, no solo pueden aprender del maestro sino que también de los otros compañeros, reflexionando que además se puede interactuar cooperativamente fuera del contexto escolar.

En ese sentido una de mis mayores satisfacciones fue el reconocimiento que tuve por parte de los padres de familia, ya que al haberlos incluido dentro de mi intervención para fortalecer competencias en los alumnos, dio oportunidad para externar el buen trabajo que identificaron en los avances no solo de carácter intelectual, sino que también social, dando ejemplo a sus hijos del trabajo en equipo entre padres de familia.

En el trascurso en que mis competencias como futura docente se fueron fortaleciendo, se reflejó mejoramiento en el desempeño de los niños, ya que el avance logrado en la adquisición de aprendizajes se dio de manera nivelada, puesto que cambiaron sus concepciones en cuanto a la participación en actividades que tuvieran que asumir un rol, cumpliendo con responsabilidades para cumplir con una tarea compartida, sin llegar a abandonarla, logré que los alumnos mostraran interés para participar activamente en actividades colaborativas donde la comunicación fuera la base para alcanzar metas en común.

Por último haciendo alusión a la utilización de recursos para generar ambientes de aprendizaje que potenciaran la adquisición de conocimientos, habilidades, actitudes y valores, puedo decir que logré diseñar una planificación en la que los recursos manejados siempre fueron de gran interés para el alumnado, ya que al ser llamativos, propiciaron el deseo de saber en los niños; además de que dichos materiales didácticos dieron lugar a que los educandos descubrieran, comprendieran y actuaran con ellos, dando como resultado la generación de nuevas teorías en base a sus aprendizajes.

Conclusiones y recomendaciones

Mediante el análisis de las estrategias aplicadas llegué a la conclusión de que se fortalecieron aprendizajes esperados de los seis campos formativos del PE 2011, cambiando siempre las formas de ver el trabajo con los niños, creando siempre interés por aprender en equipo, conociendo los saberes de los otros compañeros y compartiendo las experiencias propias; de esta manera los alumnos siempre se mostraron dispuestos a colaborar juntos para lograr comprender mejor los temas abordados.

La reflexión tuvo un gran papel dentro de la práctica profesional, ya que en todo momento hice un espacio, tanto para mí, como para los alumnos, siempre con la finalidad de identificar en colaboración de todos, aquellas acciones que reflejaron fortalezas, así como las que no se vieron favorecidas delimitándolas como áreas de oportunidad, que como en la intención de este plan de intervención lo propuse, es llegar a la mejora educativa de manera colaborativa, donde los alumnos se sintieran en un ambiente agradable y propicio para el aprendizaje.

Considero que el trabajo colaborativo siempre debe de estar entre una de las principales estrategias de trabajo de un profesional de la educación, ya que instruye a sus alumnos hacia el camino de la autonomía, donde van encontrando la manera de crear su propio conocimiento a través de redes intelectuales, donde la comunicación cara a cara, forma parte del método constructivista, estando segura que contribuye a la formación de ciudadanos preparados a enfrentar situaciones mediante la búsqueda de soluciones tomando en cuenta no solo sus ideales, sino que también los de la sociedad.

Referencias

Consejo Nacional de Fomento Educativo. (2009). Formación inicial para preescolar comunitario. Recuperado el 10 de marzo del 2015, de: http://www.educomunitaria.org/archivos/primaria/CUADERNO PREESCOLAR.pdf

Díaz, F. y Hernández, G. (2010). Estrategias docentes para un aprendizaje significativo una interpretación constructivista. México, D.F: Mc Graw Hill. Tercera edición.

Dirección General de Educación Superior para Profesionales de la Educación. (2012). Perfil de egreso de la educación normal. Consultado el día 09 de diciembre de 2014. Disponible en: http://www.dgespe.sep.gob.mx/reforma_curricular/planes/lepri/plan_de_estudios/perfil_egreso

Secretaría de Educación Pública. (s.f.). Lineamientos para la organización y el funcionamiento de los Concejos Técnicos Escolares: SEP.

Secretaría de Educación Pública. (2011). Programa de Estudios 2011. Guía para la educadora. México: SEP.

Secretaría de Educación Pública. (2011). Plan de Estudios Educación Básica. México: SEP.

El trabajo colaborativo como estrategia para la adquisición de saberes en alumnos de tercero preescolar

Apuntes y reflexiones

Mtra. Laura Elena Esquer Rodríguez

HOY, SER UNA persona exitosa, competente y capaz de enfrentar los problemas que se le presentan en la vida está asociada a poseer la capacidad de trabajar en colaboración, si se considera que cada individuo posee un cúmulo de ideas y experiencias que al compartirse el producto final es muy valioso sea cual fuere su propósito.

Se sabe también que el ser humano es social por naturaleza; sin embargo, el egocentrismo es una de las características propias de su pensamiento durante los primeros años de vida, mismo que requiere atención y apoyo para pasar a una siguiente etapa que es permitirse colaborar o aceptar que colaboren con él, siendo este un gran reto para toda educadora.

El propiciar ambientes formativos para favorecer el trabajo colaborativo requiere de analizar con precisión el andamiaje que debe ponerse en práctica, visualizar al alumno colaborando en armonía con otros, aportando ideas, discutiendo puntos de vista, analizando las mejores opciones y no verlo a la espera de que el resto resuelva el problema y presente soluciones.

Es desde la educación preescolar y partiendo de los aprendizajes previos, donde se debe iniciar la implementación de actividades retadoras que contribuyan al fortalecimiento del trabajo colaborativo, sabiendo que este es un proceso que no acabará al concluir el nivel preescolar, aun cuando diseñen y apliquen múltiples y contantes estrategias, este debe seguir fortaleciéndose en grados posteriores, considerando que el ser humano de hoy necesita de otros para sobrevivir, que está dentro de una sociedad global exigente, retadora y en la que saldrá adelante quien esté preparado para colaborar.

Partiendo de lo dispuesto en los planes y programas actuales el presente informe es producto de una preocupación por parte de la maestra en formación de generar ambientes propicios para el trabajo colaborativo que desarrolle capacidades y habilidades en los niños que le permitan enfrentar los retos que día a día se le presenten.

Aplicación de estrategias didácticas para promover habilidades, actitudes y valores que favorecen la alfabetización inicial en un grupo de primer grado de educación primaria

María Giselle Salazar Guevara

Contexto en el que se realiza la mejora

Intención

SER DOCENTE EN el mundo actual no es una tarea sencilla, debido a que se encuentra ante una efervescente y cambiante sociedad que ha provocado que los desafíos de la profesión aumenten notablemente; tales como la población diversa que se recibe en las aulas, el impacto de las tecnologías de la comunicación y las problemáticas sociales que aquejan a las familias e influencian automáticamente a las instituciones educativas. Aunado a estas situaciones contextuales, existen otras a las que el docente actual se enfrenta, como las constantes evaluaciones que han generado nuevas demandas, competencias y enfoques que son necesarias cubrir de la mejor manera posible.

La temática "Aplicación de estrategias didácticas para promover habilidades, actitudes y valores que favorecen la alfabetización inicial en un grupo de primer grado de educación primaria", potenció ciertas habilidades profesionales a través de estrategias didácticas idóneas que promovieron ambientes propicios de aprendizaje, en los cuales la docente en formación fortaleció diferentes competencias al mismo tiempo que los escolares desarrollaron la lectura y la escritura a través de diversas actividades implementadas.

Diagnóstico

El aprendizaje de la lectura y de la escritura convencional constituye un reto y una aventura para la persona que aprende y para quienes comparten con ella esa maravillosa experiencia. Cassany (1999), Ferreiro y Teberosky (1993), Solé (2006) o Teberosky (2001) (citado en Querol, 2011), entre otros, han señalado en múltiples ocasiones que la lectura y la escritura no son solo materias escolares, sino que están presentes de forma continua en situaciones y actividades de la vida real; consecuentemente, es necesario aprender el lenguaje escrito mediante diversas prácticas sociales en las que el estudiante se sienta identificado y familiarizado para actuar de forma precisa y adecuada ante cualquier tipo de acontecimiento.

La función del docente consiste en propiciar actividades que favorezcan la movilización y el avance de los estudiantes de un nivel al siguiente, a través de una estrategia didáctica significativa que respeta los tiempos de aprendizaje de cada persona. Esto implica que no es posible homogenizar, ya que es necesario respetar los ritmos de cada aprendiz en un clima de gozo y de valoración de la diversidad. Asimismo es fundamental que el educador genere en el alumno la reflexión y el análisis de sus propias vivencias para que sea capaz de expresarlas en diferentes producciones como cuentos, canciones, cartas entre otras maneras.

Por lo anterior, fue necesario generar diversas estrategias idóneas que favorecieron el aprendizaje de la lectura y escritura. Es preciso mencionar que la promoción de estas habilidades y la creación de estrategias era algo en lo que no se tenía experiencia, fue por ello que se decidió trabajar en esta competencia para fortalecerla durante el periodo de prácticas intensivas en la escuela primaria.

Introducir a los niños en el aprendizaje formal de la lengua escrita y favorecer el desarrollo de la expresión oral son algunas de las tareas más difíciles que un maestro enfrenta a lo largo de su carrera; esto se logra con preparación, paciencia y actitud, para ello es necesario que la triangulación padres de familia, alumnos y maestros se encuentren en total comunicación.

La debilidad de esta competencia docente fue detectada a través de la observación y la práctica realizada durante el séptimo semestre de la licenciatura, ya que al no poseer los conocimientos suficientes respecto a la didáctica utilizada para la enseñanza del lenguaje escrito, dificultaba el trabajo con los niños al tener que abordar cualquier otro tipo de temáticas contenidas en el currículum.

Por lo antes mencionado, fue necesario documentarse para conocer los aspectos fundamentales y poder tener un adecuado y óptimo desempeño en esta área; primeramente, se realizó una entrevista a la maestra titular del grupo, misma que consistió en un cuestionario de 11 ítems de respuesta abierta. Los resultados arrojaron que se emplean diferentes métodos alfabetizadores como el silábico, el tradicional y método Vargas, ya que en el grupo existen una gran variedad de estilos de aprendizaje.

A su vez menciona que la mayoría de los métodos han dado buenos resultados con su implementación, resaltando que es fundamental continuar trabajando con ciertos educandos que no logran consolidar su lectoescritura de forma individualizada para contribuir en la adquisición de estas habilidades tan importantes para ellos.

Un ambiente alfabetizador es aquel que pone el mundo letrado al alcance del niño, es decir, es aquel contexto que permite al escolar interactuar de manera significativa con diferentes tipos de texto como libros, revistas, cuentos, cartas y otro tipo de contenido.

Por tal motivo, y con el propósito de conocer el punto de vista de otro de los componentes del ambiente alfabetizador del aula, se aplicó una entrevista compuesta de 7 reactivos a un padre de familia, cuyas respuestas fueron abiertas para que se sintiera en confianza y contestara lo que mejor le pareciera.

Se construyó un examen diagnóstico de acuerdo a ejercicios pertenecientes a cada nivel de escritura. Este instrumento constó de dos partes, las cuales fueron aplicadas en diferentes días de la semana durante el mes de noviembre. La primera parte estaba destinada a actividades que permitieron conocer qué estrategias o ejercicios se podían implementar o seguir aplicando en el proceso de aprendizaje. La segunda parte se basó en la escritura de algunas imágenes y en un dictado, centrado a detectar en qué etapa, nivel y fase concreta se encontraba cada educando, para determinar así de dónde se empezaría a trabajar.

La evaluación de la primera parte del diagnóstico fue obtenida en base a una rúbrica con escalas de "no lo hace", en caso de que el alumno no escribiera o no razonara nada; "lo hace parcialmente", si tenía dos o más errores pero sí analizaba y respondía algunos cuestionamientos; y, por último, "lo hace bien", si realizaba satisfactoriamente la actividad, teniendo como mínimo un error.

Por su parte, la forma de determinar el nivel o etapa de escritura en los estudiantes, fue por medio de una rúbrica recomendada por la SEP, en donde se encuentran las características de cada etapa en la escritura. Los resultados fueron el punto de partida para buscar que los alumnos en su totalidad adquieran este aprendizaje, llevando a la práctica estrategias funcionales y significativas.

Descripción y focalización del dilema

Existe consenso acerca de que la formación inicial de los profesores es un componente de calidad fundamental del sistema educativo, sin embargo, la formación docente no es la única variable que explica este proceso y los resultados de aprendizaje. Es por ello que difícilmente se podría hablar de la mejora de la educación en los diferentes niveles sin atender el desarrollo profesional de los docentes.

Por tal motivo, la reforma curricular para la formación inicial de docentes de educación básica en México, tiene como objetivo responder a las necesidades más apremiantes que presenta la enseñanza, ya que según la SEP (2011) un docente tiene que incrementar los niveles de calidad y equidad de su Educación Normal; atender los nuevos programas de Educación Básica, así como las políticas de Educación Superior; coadyuvar al logro de estándares internacionales de aprendizaje en los estudiantes y coadyuvar a reducir las brechas cognitivas, digitales y materiales existentes. Por lo que a lo largo de la Licenciatura se ha pretendido cumplir con cada una de estas demandas, para consolidar las diferentes competencias docentes que la misma sociedad actual demanda.

Durante este trayecto formativo, se ha atravesado por una serie de dificultades o dilemas, que son situaciones dialécticas y/o conflictivas que se producen en los procesos didácticos; mismas que fueron obstaculizando el desempeño de las prácticas efectuadas, ejemplo de ello se encuentra la distribución del tiempo para el desarrollo de clases de diversas asignaturas, el mantenimiento del orden del grupo, el uso de la evaluación de los aprendizajes, la elaboración de planificaciones didácticas con estrategias adecuadas a las características específicas, así como la aplicación de acciones y métodos para la enseñanza de la lectura y escritura con alumnos que mostraban dificultades para la adquisición de dichas habilidades.

Es importante destacar que muchas de estas áreas de oportunidad se fueron solventando conforme transcurrían los semestres de la licenciatura, sin embargo existió una que faltaba fortalecerse, la creación de estrategias didácticas para favorecer la alfabetización inicial en los educandos. Este dilema encontrado y al ser una de las principales responsabilidades del profesorado se acentúo al ubicarse en un grupo de práctica de primer grado, donde la tarea primordial es que el infante aprenda a leer y escribir.

El objetivo de la identificación del problema, es recurrir a diversas acciones pedagógicas que permitan reforzar esta área de oportunidad; debido a que el actuar docente según el Plan y Programas de Estudio (2011, p.12) "es un factor clave para el aprendizaje de los escolares, porque son ellos quienes generan ambientes, plantean situaciones didácticas y buscan motivos diversos para despertar el interés de los alumnos e involucrarlos en actividades que les permitan avanzar en el desarrollo de sus competencias". Por lo que durante la experiencia docente se buscó conseguir en los alumnos la adquisición de la lengua oral y escrita, trabajando principalmente en la asignatura de Español que es la encargada del proceso de alfabetización principalmente.

Si bien, la situación del grupo no era crítica, puesto que ya algunos niños eran capaces de leer y escribir con pocas dificultades; sin embargo el resto del grupo necesitaba de forma urgente actividades que permitieran desarrollar estas habilidades, debido a que mostraban muchas dificultades al respecto. Por lo anterior se puede decir que la triangulación maestro, padre de familia y alumno es sumamente importante para la adquisición de cualquier tipo de saberes, puesto que los resultados son exitosos si el trabajo es en conjunto y negativos si alguno de estos integrantes falla.

Descripción de las actividades de las acciones didácticas como alternativa de solución del dilema

Acción "Aprendemos, leemos y escribimos"

El objetivo de esta acción es aplicar actividades novedosas que promuevan habilidades en la lectura y escritura en los estudiantes, asimismo propiciar ejercicios donde el alumno prediga e infiera los acontecimientos en los cuentos y escriba cartas a uno de los personajes del mismo. Esta estrategia didáctica pretende conseguir que los niños practiquen y fortalezcan estas habilidades fundamentales, así como la comprensión lectora a través de distintas actividades que serán realizadas tanto de forma individual como en equipo.

Para iniciar con esta acción, primeramente se dará lectura a un cuento corto que se encuentre desordenado, cuestionando a los escolares sobre si le entendieron al cuento o no, además sobre si la escritura era correcta o incorrecta para poder comprenderlo. Lo anterior servirá como base para que el docente realice su intervención por medio de la explicación de lo que se abordará en la clase y así poder mantener a los niños interesados en las actividades posteriores.

Según Isabel Solé (1998) hacer lectores autónomos significa también hacer lectores capaces de aprender a partir de los textos. Teniendo lo anterior como fundamento, la siguiente actividad consistirá en la exhibición de una serie de imágenes de un cuento diferente al anterior, donde el niño tendrá que predecir de qué tratará con tan solo observar las ilustraciones.

Continuando con la estrategia "Aprendemos, leemos y escribimos", la docente seleccionará un fragmento del cuento que estará exhibido en material didáctico novedoso para el grupo, donde los escolares se encargarán de leer de forma ordenada las oraciones que componen a esa parte del cuento. Siguiendo el método global de análisis estructural que se caracteriza por ir de lo general a lo particular, se pedirá que después de leer la frase, revuelvan cada una de las palabras de la oración y posteriormente vuelvan a formarla como estaba en un principio.

"Los niños, gracias a su memoria visual, reconocen frases y oraciones y en ellas las palabras. Espontáneamente establecen relaciones y reconocen los elementos idénticos en la imagen de dos palabras diferentes. De este modo, la palabra escrita es el dibujo de una imagen que evoca cada idea" (Rosano, 2011, p.4), se afirmará lo anterior al pedirles a los alumnos que identifiquen de las oraciones formadas, ciertas palabras, después algunas sílabas y letras. Para cerrar con el desarrollo de la estrategia, el alumno copiará en su cuaderno el texto trabajado, evaluándose con una escala valorativa sobre aspectos relacionados con la escritura y lectura de los escolares.

Por último, se motivará al niño a participar en la dinámica "Ruleta loca", la cual arrojará la imagen de un personaje del cuento y con ello tendrá que buscar e identificar la tarjeta que tenga su nombre; posteriormente tendrán que elaborar una carta a alguno de los personajes donde exprese sus comentarios sobre el cuento y le realice algunas preguntas sobre cualquier duda que se le haya presentado. Asimismo se les proporcionará una sopa de letra, donde tendrán que encontrar las palabras más representativas del cuento, esta actividad será destinada a los estudiantes que terminen más rápido, ya que en el grupo existe una gran variedad de ritmos de aprendizaje.

Como retroalimentación de la clase, se llevará a cabo la dinámica "La papa caliente" para escuchar los comentarios acerca de las distintas actividades efectuadas, además la docente en formación brindará la conclusión de la sesión y ratificará los aprendizajes adquiridos durante la misma. Es importante mencionar, que la evaluación final de la clase será mediante el uso de una rúbrica de la carta elaborada por los alumnos y una lista de verificación de todas las actividades realizadas.

Desarrollo, reflexión y evaluación de la propuesta de mejora

La acción aplicada, cuyo propósito principal fue propiciar actividades donde el alumno predijera los acontecimientos en un cuento y escribiera cartas a uno de los personajes del texto leído, asimismo se aplicaron diversas actividades que promovieron la lectura y la escritura de los aprendices, lo que resultó muy positivo y del agrado para los estudiantes del grupo al conseguir que estas habilidades fueran algo productivo y divertido para ellos.

Esta estrategia se llevó a cabo el 19 de marzo de 2015 en el aula correspondiente al grado y grupo de práctica, tuvo como duración un día pero el cual fue muy enriquecedor para el desarrollo de la competencia docente y sobre todo para la movilización de habilidades de los estudiantes. Para coadyuvar en el aprendizaje de los aprendices se llevó a cabo una activación de conocimientos previos sobre los beneficios que tiene la lectura en su vida cotidiana, donde se pudo observar una buena participación grupal al momento de atender a las preguntas realizadas por la docente en formación.

Posteriormente, observaron detenidamente imágenes referentes al cuento de la "Caperucita Roja", las cuales fueron colocadas en desorden cronológico para motivarlos a predecir e inferir sobre cómo realmente ocurrieron los hechos. Según el modelo descendente de Isabel Solé (s/a) (citado en Pineda, 2013) el lector no procede letra a letra, sino que hace uso de su conocimiento previo y de sus recursos cognitivos para establecer anticipaciones sobre el contenido, y se fija en este para verificarlas.

El siguiente paso, fue solicitar ordenar las imágenes correctamente según como ellos creían que ocurría cada escena del cuento, todo el grupo se observaba muy animado por participar debido a que este texto literario era de su agrado, se pasó solamente a algunos a que predijeran el orden cronológico de los hechos sin haber leído previamente el cuento, el resto del grupo opinaba y mencionaba sobre lo que estaban realizando sus compañeros. Para analizar si sus predicciones fueron correctas escucharon atentamente la lectura, al finalizar respondieron una serie de preguntas, con el propósito de conocer qué tanto habían comprendido de la lectura.

Se observó que ninguna de las predicciones efectuadas fue correcta por lo que fue necesario realizar una adecuación curricular de acceso de los elementos básicos del currículo, la cual consistió en conformar equipos a los cuales se les proporcionó una serie de imágenes con cada una de las escenas del cuento, las cuales ordenaron de forma cronológica ya al haber escuchado la lectura del mismo; esta modificación se llevó a cabo previamente para consolidar la comprensión de la lectura.

Esta actividad resultó bastante atractiva para los infantes debido a que el reto de ordenar las imágenes fue de forma colaborativa. "El aprendizaje colaborativo parte de concebir a la educación como proceso de socioconstrucción que permite conocer diferentes perspectivas para abordar un determinado problema, desarrollar tolerancia en torno a la diversidad y pericia para reelaborar una alternativa conjunta. Los entornos de aprendizaje constructivista se definen como un lugar donde los alumnos deben trabajar juntos, ayudándose unos a otros, usando una variedad de instrumentos y recursos informativos que permitan la búsqueda de los objetivos de aprendizaje y actividades para la solución de problemas" (Wilson, 1995 p. 27, en Parra, s/a).

Al conocer las características del grupo la docente optó por integrar los equipos, los cuales fueron dirigidos por los niños que se distinguen por su liderazgo en las diferentes actividades realizadas tanto dentro como fuera del salón de clases. Se observó que en cada subgrupo analizaban las imágenes y se remitían a la lectura del cuento de la "Caperucita Roja", mencionando "Esto pasó al principio", "Este es el final", entre otras frases que dieron noción a que los miembros de esos equipos habían comprendido el cuento.

Según Santos G. (1995), la evaluación es un instrumento que sirve al profesor para ajustar su actuación en el proceso de enseñanza-aprendizaje, orientándolo, reforzando los contenidos insuficientemente adquiridos por los alumnos y realizando la adaptación curricular necesaria. Es decir el docente será el encargado de dar seguimiento a los resultados obtenidos en las evaluaciones, creando oportunidades de aprendizaje para los educandos, logrando así alcanzar los conocimientos esperados y sus respectivas competencias establecidas en el plan y los programas de estudio.

Para evaluar la actividad en equipo se empleó una rúbrica con cuatro niveles de desempeño "Excelente", "Bueno", "Regular" e "Insuficiente", la cual fue utilizada después de analizar el trabajo que tuvo cada subgrupo, donde los resultados obtenidos de los aspectos que son considerados más importantes de la rúbrica se explican a continuación:

En el aspecto denominado "Comprensión del cuento" el 100% de los estudiantes lo comprende, identifica los personajes y es capaz de contarlo de nuevo si es necesario; por su parte en el criterio "Secuencia del cuento" el 75% obtuvo un nivel de desempeño bueno al ordenar de forma cronológica las escenas de la historia, sin embargo existieron pequeñas equivocaciones al momento de colocar las imágenes, estos errores fueron cometidos por la falta de organización entre los integrantes del equipo y al no analizar las opiniones de cada estudiante; por último en el aspecto "Forma de trabajo" que engloba el orden y la colaboración de los integrantes, de los 24 estudiantes presentes 50% se ubicó en la excelencia y el otro 50% su desempeño fue bueno.

En el desarrollo de la estrategia, se llevó a cabo la lectura de un fragmento del cuento, el cual estaba ubicado sobre el material didáctico denominado "Cuenta cuentos" que era un cartel en donde se podían poner y quitar las palabras de cada oración que componían dicho fragmento. Posterior a esto se desplegaron palabras de la primera oración y se revolvieron para que voluntariamente pasaran al frente del aula para tratar de formar la oración que estaba al principio y pegarlas sobre el material hasta culminar la parte escrita del cuento.

Los niños que ya tienen más afianzada la lectura y la escritura fueron los primeros que participaron, ya que consideraron que era algo sencillo para ellos, sin embargo se motivó a los estudiantes que aún muestran dificultades con estas habilidades a colaborar con la actividad, además de que se les apoyó con la lectura de las palabras escritas que era su mayor conflicto. Al ir colocando las palabras en el cartel plegable se iba preguntando cuáles eran las sílabas que las componían, asimismo identificaban grafías; fue fundamental estar pidiendo participación ordenada ya que todos querían dar respuesta a los cuestionamientos lanzados y dar lectura al texto indicado por la docente. En general identificaban de forma correcta lo solicitado y eran capaces de recordar el orden de las palabras en las oraciones.

Al haber concluido con lo anterior, se les invitó a los estudiantes a formar palabras en su alfabeto móvil el cual fue elaborado personalmente por la docente en formación, el uso de este material novedoso para ellos fue de su agrado, debido a que además de aprender a leer ellos se divertían. Este recurso fue obtenido por los escolares durante semanas antes, al cual se le fue dando uso con el propósito de favorecer la mejora de su alfabetización.

El proceso anterior da lugar al Método Global el cual se caracteriza por las actividades que se implementan para aprender el lenguaje, centrándose en un significado, es decir, se parte de una interacción entre el texto y el lector. De igual forma se aprende a partir de lo integrado y luego se va diferenciando, donde el estudio del lenguaje no debe iniciar de los fragmentos de la lengua, sino de la lengua como un proceso amplio (Reimers, Fernando y Jenny Eva Jacobs s/f).

Para evaluar esta parte de la estrategia se hizo uso de una escala valorativa en la que se tomaron en cuenta diferentes aspectos referentes a la lectura de oraciones, formación de palabras y ordenamiento de las mismas, así como la identificación de letras y silabas, las participaciones realizadas entre otros criterios; después de un análisis profundo del desempeño de cada estudiante en cada una de las áreas que se evaluaron, el grupo en general obtuvo un promedio de 8.5; resultado que motiva a seguir trabajando con los escolares que aun presentan problemas para desarrollar su competencia escrita y lectora.

El ejercicio docente implica una labor de continuo mejoramiento y de construcción cotidiana de conocimientos, así como de apropiaciones simbólicas que permitan aproximarse a la realidad de la sociedad del siglo XXI. Es por ello que al diseñar esta situación didáctica que son actividades organizadas que responden a la intención de abordar el estudio de un asunto determinado, con un nivel de complejidad progresivo en tres fases: inicio, desarrollo y cierre (Plan y programa de estudio, 2011), se tomó en cuenta que los materiales didácticos implementados fueran los idóneos para el aprendizaje de los educandos. Llegando a la conclusión de que los recursos utilizados fueron funcionales y atractivos para los niños al estar trabajando con ellos.

Para cerrar con la segunda acción denominada "Aprendemos, leemos y escribimos", los estudiantes elaboraron una carta a un personaje del cuento trabajado durante la sesión, se les proporcionó un formato en el cual escribieron la información correspondiente a cada parte que integra a una carta (fecha, saludo, contenido, despedida, firma) en esta actividad los alumnos se notaron muy entusiasmados al poder escribirle al personaje sus puntos de vista acerca de su actuación en el cuento, realizaron preguntas para conocerlo mejor entre otras cuestiones.

Después de escribir la carta, se procedió a la socialización de sus productos finales en donde de forma voluntaria pasaron a compartir ante el grupo lo escrito a su personaje favorito del cuento. Se observó a los niños más desenvueltos participar con menos temor al hablar frente a sus compañeros, sin embargo, existen alumnos que son introvertidos y les da timidez expresarse.

Al ejercicio anterior se anexó una sopa de letras en la cual buscaron el nombre de los personajes del cuento, existieron pocos aprendices capaces de resolver por sí mismos este conflicto cognitivo; por tal motivo esta actividad resultó un tanto complicada para el resto del grupo debido a que no eran capaces de buscar las palabras escondidas en la sopa de letra, a pesar de que antes ya habían trabajado con este tipo de ejercicio. Es por ello que se decidió resolver la actividad de forma grupal con el propósito de lograr que todo el grupo conociera la forma de buscar las palabras de forma más sencilla y sin complicaciones.

Por su parte, la misma hoja de ejercicios contemplaba un apartado que era destinado para que los alumnos dibujaran lo que aprendieron del cuento, dando la oportunidad a los pequeños de imprimir toda su creatividad e imaginación con apoyo de diferentes colores. Esta parte de la actividad les gustó a los estudiantes ya que después de escribir, el dibujo es uno de sus pasatiempos favoritos, por lo cual en su mayoría disfrutaron expresar su comprensión lectora a través del arte.

Realmente se pudo observar el avance que han tenido los alumnos en su escritura, sin embargo, aún existen pocos estudiantes que presentan problemas con esta habilidad, por lo que esas personas llevaron a cabo la actividad bajo sus propias posibilidades. Ahora bien, el profesor, en su carácter de profesional, debe ser capaz de reconocer que la evaluación es una forma de recoger información sobre los niveles de logros de los aprendizajes, para ello él debe formular un instrumento de calidad que le permita utilizar la evaluación como un mecanismo de control del aprendizaje.

Por tal motivo y con el propósito de conocer el desempeño de los estudiantes en la escritura de la carta y la búsqueda de palabras en la sopa de letras se creó una rúbrica, la cual tomó en cuenta aspectos como la redacción, imaginación, la escritura de oraciones completas, participación individual y la realización de otras actividades. Estos criterios se evaluaron según cuatro niveles de desempeño distintos, siendo "Sobresaliente", "Satisfactorio", "Suficiente" e "Insuficiente", donde los aspectos que se representaron con mayor fortaleza fueron los de redacción, imaginación y oraciones completas ya que existieron una mayor cantidad de alumnos ubicados en el nivel de "Sobresaliente".

En general se considera que los resultados fueron muy favorables ya que la mayoría de los escolares se ubicaron en los niveles de sobresaliente y satisfactorio que contaban con la puntuación más alta al momento de evaluar. Se nota un avance considerable en la redacción de los estudiantes al momento de plasmar sus ideas en papel, sin embargo, será necesario seguir trabajando con el ordenamiento de palabras y la coherencia al escribir que son algunos de los aspectos que más se les dificulta.

Al analizar y reflexionar la intervención de la estrategia se puede decir que antes de la acción se llevó a cabo una adecuación curricular que permitió ampliar las posibilidades de aprendizaje de los estudiantes al trabajar de forma colaborativa, siendo esta exitosa. Además se prepararon anticipadamente los materiales didácticos que se implementarían para el trabajo, como por ejemplo el cuento de la "Caperucita Roja" y las imágenes de cada escena," el "Cuenta cuentos", el alfabeto móvil y los ejercicios impresos donde desarrollarían algunas actividades, esto para que no hicieran falta al momento de estar trabajando y así favorecer los aprendizajes que se esperan que adquieran los educandos.

La reflexión en la acción, remite a las diferentes actividades ejecutadas, las cuales fueron desarrolladas tal como fueron planificadas, sin embargo se omitieron dos de ellas debido al tiempo que se tenía para llevar a cabo dicha estrategia. Se considera que el papel que desarrolló el enseñante fue el adecuado ya que se hizo uso de un vocabulario adecuado al nivel de los niños, asimismo el lenguaje implementado tomó en cuenta las necesidades motivacionales que requerían los aprendices, lo que apoyó a que la clase fuera más enriquecedora y divertida.

Para propiciar una mayor participación por parte de los alumnos fue necesario motivarlos a obtener puntos en este aspecto y sobre todo incentivarlos con algún premio o juego tradicional de su preferencia, debido a que el grupo se caracteriza por tener a los mismos niños participativos. Al comentarles esto la reacción de ellos fue muy positiva porque sabían que podían obtener estrellas distintivas, mismas que se muestran a los padres de familia. Una de las dificultades que se enfrentó durante la intervención docente fue que el día de la aplicación de dicha acción, algunos de los estudiantes olvidaron el alfabeto móvil, por lo que fue necesario integrarse en binas para que ningún escolar se quedara sin participar.

Para continuar con la última etapa de este proceso reflexivo, a posteriori de la acción se procedió a analizar el desempeño de los niños y evaluar su rendimiento en las actividades implementadas, en este caso se hizo uso de diferentes instrumentos de evaluación como rúbricas y escalas valorativas que permitieron mantener un registro y control sobre los aprendizajes que fueron adquiridos, haciendo énfasis en lo que es necesario reforzar. El área de oportunidad detectada para los niños es la escritura de oraciones completas y la búsqueda de palabras en sopa de letras, por lo que consiguientemente es la creación de actividades que favorezcan estos aprendizajes.

Ximena Villalobos (2011) menciona que la toma de decisiones e interpretaciones que realiza el profesor cuando desarrolla su trabajo pedagógico, se debe centrar en el aprendizaje y las estrategias didácticas. Por tanto, las experiencias pedagógicas, ricas en la creación de saberes, son fundamentales en la gestión del aprendizaje escolar. Por ello, es fundamental motivar e incentivar a los estudiantes hacia la curiosidad y el interés, características propias del ser humano. Promover el desarrollo del intelecto, desafiar la inteligencia, formar actitudes y valores para la vida, es la cuota de la educación en la actualidad, es por ello que a lo largo de la aplicación de esta estrategia se buscó fortalecer diversos aprendizajes que los estudiantes ya poseían.

Después de analizar el actuar docente se observa que la competencia sobre generar ambientes formativos para propiciar la autonomía y promover el desarrollo de conocimientos, habilidades, actitudes y valores, cada vez ha sido más desarrollada a través de estrategias didácticas idóneas, por lo que el desempeño cotidiano frente al grupo fue mejorando notablemente a través de acciones como la que se acaba de describir de forma detallada. En esta ocasión la docente favoreció el desarrollo de la autonomía de los alumnos en situaciones de aprendizaje, empleando los recursos y medios didácticos idóneos y atractivos para la generación de dichos aprendizajes y asuntos referentes a la evaluación.

Por su parte, uno de los aspectos que es necesario seguir mejorando es la atención a la diversidad del grupo, ya que sin duda alguna atender a estudiantes con necesidades educativas especiales fue todo un reto al momento de aplicar las diferentes estrategias, por lo que fue necesario propiciar y regular espacios incluyentes para todos los alumnos por igual, en donde se promovió el respeto y la aceptación de estos estudiantes.

En el aula atendida existen 4 estudiantes con problemas de lenguaje, de los cuales 2 se les dificulta enormemente la escritura y los otros 2 niños escribían como ellos hablan, es por ello, que al momento de aplicar las actividades se brindaba ayuda personalizada para orientarlos en la mejora de su escritura y lograr su comprensión, lo que favoreció en gran medida su aprendizaje. Es importante mencionar que estos cuatro escolares se canalizaron desde el inicio del ciclo escolar con el personal de USAER de la institución, específicamente con la maestra especialista en problemas de lenguaje.

La UNESCO (2005, citado en Blanco, 2007) define la educación inclusiva como un proceso orientado a responder a la diversidad de los estudiantes incrementando su participación y reduciendo la exclusión en y desde la educación. Está relacionada con el acceso, la permanencia, la participación y los logros de todos los estudiantes, con especial énfasis en aquellos que, por diferentes razones, están excluidos o en riesgo de ser marginados, constituyendo un impulso fundamental para avanzar en la agenda de Educación para Todos.

Teniendo como fundamento lo anterior y en busca de una escuela inclusiva, desde la planificación se tomaron en cuenta actividades específicas para un estudiante que fue diagnosticado con discapacidad intelectual por un neurólogo pediatra, por lo que siempre se buscó que el educando interactuara normalmente con el resto de sus compañeros en diferentes trabajos en equipo, asimismo se aplicaban ejercicios específicamente a su nivel debido a que sus conocimientos no estaban acordes al de los estudiantes del resto del grupo, sin embargo, siempre se buscó que trabajara con actividades similares pero con menor dificultad, para que adquiriera diversos tipos de aprendizaje.

Las condiciones y los contextos de la enseñanza evolucionan cada vez más rápido, hasta el punto de que es imposible vivir con la base de lo adquirido en una formación inicial que pronto quedará obsoleta. Es por ello, que el enseñante tiene que convertirse en el cerebro de su propia práctica para plantarse eficazmente dentro y fuera del salón de clases, donde de respuesta a la variedad y a la transformación de sus condiciones de trabajo. Por tal motivo, será necesario mantener un compromiso por estarse preparando constantemente para poder abordar cualquier tipo de contenido que vaya desde lo más sencillo hasta lo más complejo.

Conclusiones y recomendaciones

Promover el aprendizaje de los estudiantes es un desafío que hoy por hoy es fundamental lograr; por ello, existe la necesidad de que constantemente los profesores busquen su mejora profesional a través de diversas capacitaciones que le permitan estar a la vanguardia en temas de diferente índole, con el firme objetivo de conseguir que los alumnos adquieran una educación de calidad. Es por ello que a lo largo del presente informe se analizó constantemente el propio quehacer docente y se profundizó en temáticas sobre la adquisición de la alfabetización durante el primer grado de educación primaria.

La alfabetización inicial de los estudiantes es el punto rector para el despliegue de diferentes habilidades que le permiten al ser humano desarrollarse de forma integral en la sociedad, ya que esta tiene la llave de acceso a la apropiación y la recreación de la cultura escrita con el propósito de lograr una igualdad educativa. Por tal motivo se aplicaron en el grupo diversas acciones que permitieron a los educandos potenciar las prácticas sociales del lenguaje como lo son leer, escribir, hablar y escuchar.

Durante el desarrollo de las diferentes estrategias implementadas se pudo observar una notable evolución en la escritura de los estudiantes esto al aplicar actividades que permitieron que el 76% de los aprendices se ubicaran en el nivel alfabético, asimismo las acciones coadyuvaron a conseguir que los niños adquirieran mayor habilidad para comprender diferentes tipos de texto. Es importante mencionar que los avances mostrados se alcanzaron paulatinamente a través del trabajo diario en clase con apoyo de padres de familia y maestra titular del grupo. Sin embargo las necesidades educativas especiales presentadas por ciertos estudiantes fueron los principales obstáculos que impidieron que el 100% de los aprendices del grupo lograran desarrollar por completo su lectura y escritura.

En el transcurso de la práctica intensiva se pudieron presenciar las diferentes actitudes que mostraron los alumnos de primer grado al momento de realizar actividades de lectoescritura, las cuales fueron positivas la mayor parte de las veces, debido al gran entusiasmo demostrado en los ejercicios relacionados con la asignatura de Español, ya que veían a esta como una de las clases más importantes y divertidas. Asimismo se mostró una gran disposición y participación en los trabajos tanto individuales como colaborativos realizados en el aula.

El maestro construye diariamente su profesionalización a través de las múltiples experiencias cotidianas vividas en el salón de clases. Por tal motivo, durante la práctica intensiva desarrollada a lo largo del ciclo escolar en el grupo de primer grado de la escuela primaria Club de Leones #2, se logró fortalecer una serie de competencias profesionales que permitieron que el desenvolvimiento frente a grupo fuera el idóneo, estas se refieren al conjunto de conocimientos, capacidades, habilidades y valores que el profesor de educación básica desarrolla.

Las competencias que se afianzaron a lo largo de la práctica permitieron diseñar y poner en práctica estrategias innovadoras a través de la planeación, las cuales posibilitaron al alumno a adquirir un aprendizaje significativo para su vida, así como también el dominio de contenidos de enseñanza y la capacidad de percepción y respuesta a las condiciones sociales del entorno de la escuela. De igual forma se generaron ambientes formativos e incluyentes que propiciaron la autonomía y promovieron el desarrollo de conocimientos, habilidades, actitudes y valores en los estudiantes. Además se empleó la evaluación para intervenir en los diferentes ámbitos y momentos de la tarea educativa con el propósito de tomar decisiones y mejorar la propia práctica.

Es importante mencionar que al buscar mejorar un área de oportunidad específica se lograron fortalecer otras habilidades inherentes a la profesión, lo que contribuyó a obtener mejores resultados en el transcurso de la práctica; sin embargo es importante mencionar que estas competencias se irán perfeccionando a lo largo del ejercicio docente en condiciones reales de trabajo, por tal motivo el deber del maestro es seguir preparándose constantemente para ser capaz de enfrentarse ante cualquier reto de la vida actual. Para culminar, esta experiencia fortaleció la vocación como docente al reconocer y valorar el significado que tiene el ser maestro dentro de la sociedad en México, ya que contribuye al progreso del país mediante su trabajo constante y comprometido con la niñez y la sociedad mexicana.

Referencias

Blanco, R. (1994). Hacia una escuela para todos y con todos. Recuperado el en: http://innovemosdoc.cl/diversidad_equidad/investigacion_estudios/hacia_una_escuela.pdf

Parra, J. Gutiérrez M. (s/a). El trabajo colaborativo y cooperativo: un estilo de aprendizaje. Recuperado en: http://www.comie.org.mx/congreso/memoriaelectronica/v09/ponencias/at01/PRE1177566342.pdf

Pineda, F. Arango M. Bueno, C. (2013). "La incorporación de las tic para mejorar la comprensión lectora de los estudiantes de grado primero C, de la institución educativa "Remigio Antonio Cañarte", sede providencia, de la ciudad de Pereira. Trabajo de Grado Para optar al título de licenciatura en pedagogía infantil Recuperado de: http://repositorio.utp.edu.co/dspace/bitstream/11059/3733/1/37133P649I.pdf

Querol, M. (2011). "Enseñanza de la lengua escrita. Una experiencia con las "letras"chinas". En Profesorado. Revista del currículum y formación del profesorado. Recuperado de http://www.ugr.es/~recfpro/rev153COL7.pdf

Reimers, F. y Jacobs J. (s/f). *Leer (comprender y aprender) y escribir para comunicarse. Desafíos y oportunidades para los sistemas educativos.* Edit. Santillana, México.

Rosano, M. (2011). *El método de lecto-escritura global.* Revista digital innovación y experiencias educativas. Recuperado en: http://www.csi-csif.es/andalucia/modules/mod_ense/revista/pdf/Numero_39/MARIA%20INMACULADA_ROSANO_1.pdf

Santos Guerra, M. A. (1995), *"La evaluación en educación primaria",* en *La evaluación: un proceso de diálogo, comprensión y mejora.* Málaga, Aljibe/Colofon, pp. 165-175

SEP (2011). Reforma Curricular de la Educación Normal. DGESPE

SEP (2011). *Plan y Programa de Estudio 2011: Educación Básica*, México, D.F.: Editorial CIDCLI, S.C

Solé, I. (1995). *El placer de leer*. Revista Latinoamericana de lectura. Recuperado en: http://www.csi-csif.es/andalucia/modules/mod_ense/revista/pdf/Numero_15/BELEN_NAVARRETE_1.pdf

Solé, I. (1998). Estrategias de lectura. Editorial Graó. Barcelona

Villalobos, X. (2011). *Reflexión en torno a la gestión de aula y a la mejora en los procesos de enseñanza y aprendizajes*. Revista Iberoamericana de Educación. Recuperado en: http://www.rieoei.org/jano/4048Villalobos_Jano.pdf

Aplicación de estrategias didácticas para promover habilidades, actitudes y valores que favorecen la alfabetización inicial en un grupo de primer grado de educación primaria

Apuntes y reflexiones

Mtro. José Guadalupe Ríos Márquez

CON LA FINALIDAD de poder actualizar y mejorar sustancialmente la formación inicial en el campo de la docencia de sus estudiantes y la intervención didáctica de sus docentes, se instaura en el ciclo escolar 2011-2012 la reforma curricular de la educación normal en su fase de plan piloto llegando a consolidarse a partir de la generación 2011-2015, con lo cual se busca restituir el proyecto original de una de las más nobles profesiones que sin duda han colaborado enormemente en el desarrollo humano y social de la sociedad mexicana.

Esta reforma a los planes y programas de estudio de las licenciaturas en educación primaria y en educación preescolar representa un punto fundamental para la mejora del trabajo docente de las generaciones que en ella se formen, pues abre el camino para que los estudiantes investiguen y participen en la solución de diversas problemáticas que se presentan en las aulas, generen ambientes de aprendizaje exitosos que les permitan mejorar el desempeño académico de los infantes, así también que consideren la inclusión como un aspecto toral en la integración de los alumnos y que realicen evaluaciones auténticas con la intención de hacer diagnósticos precisos y poder efectuar un trabajo centrado en el alumno.

Es por esto que la experiencia que aquí se plasma consideró estas competencias profesionales a favorecer en la alumna María Giselle Guadalupe Salazar Guevara, siendo la que se refiere a generar ambientes formativos para propiciar la autonomía y promover el desarrollo de conocimientos, actitudes y valores en los alumnos; enfatizando en la creación de estrategias didácticas para promover un ambiente propicio para el aprendizaje.

Para el logro del despliegue de las competencias profesionales tomó en cuenta los elementos rectores precisamente para la creación de ambientes exitosos de aprendizaje, que desde luego son: el aula, la escuela, la familia y la comunidad. Organizando y diseñando actividades centradas en los distintos estilos de aprendizaje de los alumnos y centrado también en el aprendizaje, ya que se realizaron adecuaciones a las temáticas trabajadas para que, de esta manera, se manifestara su trabajo y así consolidar su competencia profesional.

Metodología aplicada en el favorecimiento del lenguaje oral en un grupo de segundo preescolar

María Elena Mexicano Flores

Contexto en el que se realiza la mejora

Intención

E L LENGUAJE ORAL es una habilidad que el ser humano debe desarrollar y, como docente en formación, es necesario reflexionar sobre su importancia para que cada actividad desarrollada en el aula permita a los niños sentir satisfacción por sus propios logros. El desarrollo del lenguaje oral requiere de poner en práctica conocimientos y metodología, con ello, se aspira a fortalecer las bases para una mejora permanente de la práctica profesional y no simplemente hacia su aplicación.

Es necesario reconocer que durante los primeros años de escolaridad uno de los inhibidores principales del lenguaje es la timidez, la cual si no se atiende puede ser una de las afectaciones principales en el desarrollo de la personalidad, especialmente en la esfera afectivo-evolutiva, y que puede afectar la comunicación, en la etapa escolar menor estas alteraciones pueden ser transitorias. De ahí que asumamos que la timidez es una manifestación de alteración de comportamiento social que refleja falta de seguridad en sí mismo, de autoestima baja, que produce molestias al sujeto que la padece fundamentalmente en el campo de sus relaciones sociales.

El lenguaje oral es uno de los campos formativos enmarcados en los planes y programas de educación preescolar que requiere abordarse con los niños en dos vertientes: como desarrollo de habilidad y a su vez como aprendizaje, por lo que se requiere de un profundo conocimiento para ofrecer las mejores oportunidades de desarrollarlo, sin embargo es esta una área de oportunidad que necesito fortalecer; es decir requiero poner en juego la teoría al lado de la práctica para desplegar esta competencia.

Contextualización

El Jardín de Niños "Manuel Gutiérrez Nájera" con clave 26DJN0350T, se encuentra ubicado en un contexto urbano, mismo que se localiza en la colonia Deportiva, por la calle California número 1202 entre Sociedad Mutualista y Club Rotario, en el municipio de Navojoa, Sonora, con código postal 85860. Pertenece a la zona escolar 09 y al sector escolar 07, labora en turno matutino y es de organización completa; actualmente están inscritos 109 alumnos cuyas edades están en un rango de 3 a 6 años.

Dentro de la práctica educativa podemos observar múltiples relaciones que se dan día a día, es importante reconocer que para realizar un análisis crítico, estas se pueden organizar por seis dimensiones (Fierro, 2008), lo cual facilita el estudio de las mismas. Retomando como referencia lo anterior, se llevó a cabo la aplicación de guías de observación y entrevistas, con el fin de conocer e identificar las características relevantes de la institución, comunidad, familias, alumnos, educadoras y directora.

Considerando la dimensión institucional, mencionaré que la escuela exige que el personal docente cumpla con los requerimientos establecidos para el desenvolvimiento idóneo del plantel, tales como: asistir diariamente, puntualidad, realizar la guardia correspondiente, además de participar activamente en eventos realizados dentro del plantel.

Dentro de la dimensión interpersonal, se observa cómo las educadoras tienen intereses en común, su propósito es brindar las herramientas necesarias para que los alumnos adquieran las competencias necesarias para su pleno desenvolvimiento. Referente a las relaciones que se establecen dentro del plantel se puede mencionar que existe un clima de confianza y respeto mutuo entre cada agente involucrado, asimismo, cabe resaltar que los niños muestran una actitud positiva ante su estancia en el plantel, todos con la finalidad de aprender para posteriormente asistir a la escuela primaria.

En la dimensión social se puede resaltar que se toma en cuenta las condiciones socioeconómicas de la comunidad, de esta manera, organiza las actividades que puede realizar dependiendo de la accesibilidad de los padres de familia, asimismo se basa en la cultura que se presenta, permitiendo así la expresión de la misma dentro del Jardín de Niños. De igual manera, realiza adecuaciones curriculares cuando son necesarias, creando así un aula donde predomine la igualdad para todos los niños.

Reflexionando sobre la dimensión valoral, cabe destacar que la maestra titular del grupo basa su trabajo en actitudes de respeto hacia los demás, igualdad, tolerancia dentro y fuera del aula, así como una diversidad de valores necesarios para una sana convivencia en la institución. Relacionado con lo anterior, al presentarse alguna problemática, la docente actúa de manera ética, buscando en todo momento la solución del dilema de la mejor manera.

Diagnóstico

El desarrollo del lenguaje oral de los niños constituye uno de los objetivos fundamentales de la educación básica, su progresivo dominio constituye una fuente de crecimiento personal, tanto afectivo como cognitivo. Sin duda alguna, lo anterior contribuye al pleno desenvolvimiento del menor en distintos ámbitos de su vida diaria, permitiendo así lograr el favorecimiento de sus capacidades comunicativas.

Condemarín, Galdames y Medina (1995), afirman que los niños expanden progresivamente sus funciones lingüísticas cuando interactúan con sus compañeros de curso y utilizan el lenguaje para colaborar, competir, informarse e informar, inquirir, descubrir, etc. Durante estos procesos, los diferentes componentes del lenguaje -función, forma y significado- van siendo aprendidos de manera natural, global y simultáneamente.

Analizando la información anterior, se puede decir, que sin duda alguna, el lenguaje oral ocupa gran parte de la atención en el ámbito escolar; es por ello que se pretende abordar su favorecimiento mediante diversas estrategias aplicadas al grupo de 2º "B" que permitan a la docente en formación adquirir las competencias necesarias para ponerlas en práctica a lo largo de su carrera profesional.

Con el objetivo de conocer el nivel de dominio de la competencia docente de la educadora en formación, y las competencias comunicativas de los niños del grupo de práctica se aplicó una escala de verificación para la obtención de información relevante, y su posterior análisis para atender el problema presentado.

Realicé un análisis de la información obtenida en la escala sobre la autoevaluación de las competencias docentes, se puede mencionar que los resultados presentados alcanzan un nivel medio en la mayoría de los ítems, en otras palabras, presento algunas fortalezas en el aspecto de atención a las comunicación de los niños, gran parte de los resultados muestran que se realizan casi siempre las acciones de intervención, sin embargo, también se presentan resultados poco favorables, en donde es necesario atender las formas de intervenir dentro del aula para favorecer el desarrollo lingüístico de los niños.

Continuando con lo anterior, señalaré que la mayoría de las veces retomo el tema introducido por el niño, afirmando interés, de igual forma, recurro a gestos como expresiones de humor, propicio un clima de afecto y respeto, además promuevo la participación invitándolos a hacer preguntas sobre el tema tratado. Con ello, se brindan herramientas necesarias para atender y asegurar el favorecimiento del lenguaje oral en los niños de edad preescolar.

Aunado a la información anterior, se requiere puntualizar que casi siempre hago constar al niño que no entendí o al menos no entendí muy bien lo que él quiso decir, además cuando no entiendo la idea interrogo al alumno de manera precisa cuál es el mensaje en sí. En un diálogo intervengo cuando el niño hace pausas, expresando interés por lo que él ha dicho, sincronizando su intervención y respondiendo las preguntas del menor. Cabe recalcar que presento cambios marcados de entonación y tomo como referencia comunicativa los sonidos, gestos y miradas del niño. Lo anterior permite analizar qué aspectos es necesario mejorar en cierto grado durante la intervención docente.

Las áreas de oportunidad que se presentan son al momento de responder a las expresiones mínimas del niño repitiendo lo que presume que quiere decir, además de completar las expresiones del menor agregando elementos faltantes, aunado a eso, falta propiciar la participación de cada uno de los niños del grupo. Dos aspectos por atender es lograr que el alumno detecte las lagunas en su mensaje, transformándolo y posteriormente lo utilice con otras personas de manera que se dé cuenta de los beneficios de tener una buena comunicación.

Al momento de interpretar los resultados obtenidos con los niños del grupo de práctica en la escala se puede resaltar que definitivamente, el grupo se encuentra integrado por niños con capacidades comunicativas muy distintas, se muestra desde una expresión oral muy completa, algunos casos en donde su lenguaje oral es acorde a su edad, hasta niños con timidez o inhibición al momento de expresarse ante los demás.

La mayoría del grupo mantiene la atención en las conversaciones, siguiendo la lógica en las mismas, además logran describir de manera precisa, formulan preguntas sobre lo que desean o necesitan saber, utilizan el juego como medio para expresarse, producen palabras con gran velocidad y además conversan con sus compañeros acerca de temas de su interés.

En menor proporción utilizan expresiones como aquí, allá, cerca de, lejos de, hoy, ayer, etc. Hace falta mejorar al momento de intercambiar opiniones sobre un tema, además de explicar por qué están de acuerdo o no, y generar expresiones cada vez más complejas, todo esto dentro y fuera del aula, siendo estos puntos de gran importancia en el favorecimiento de sus capacidades comunicativas.

Los aspectos en que se presenta mayores áreas de oportunidad dentro de los alumnos se encuentran la utilización del diálogo para resolver conflictos, solicitar la palabra al momento de querer dar su opinión, respetar los turnos de habla, escuchar sus ideas, sobre todo mostrar seguridad al momento de participar utilizando la expresión oral dentro de las actividades.

Dentro del grupo, se presentan casos de timidez, manifestándose en la poca participación durante las actividades orales, asimismo presentan dificultad para expresar sus ideas y sentimientos con seguridad, repercutiendo en su desenvolvimiento dentro y fuera del aula, en ocasiones afectando sus relaciones de amistad al momento de no comunicarse de manera idónea.

Descripción y focalización del dilema

Analizando detenidamente las competencias profesionales del perfil de egreso (Dirección General de Educación Superior para Profesionales de la Educación [DGESPE], 2012) se detecta que se me presentan algunas fortalezas y a la vez áreas de oportunidad en distintos grados, considerando lo anterior se eligió la competencia profesional: "aplica críticamente el plan y programas de estudio de la educación básica para alcanzar los propósitos educativos y contribuir al pleno desenvolvimiento de las capacidades de los alumnos del nivel escolar", con su unidad de análisis: "aplica metodologías situadas para el aprendizaje significativo de las diferentes áreas disciplinarias o campos formativos".

De acuerdo con la competencia profesional antes descrita, como elección personal, se tomó como tema o problemática a tratar: la metodología aplicada en el favorecimiento del lenguaje oral en un grupo de 2do preescolar; donde se pretende que adquiera los conocimientos necesarios para atender este tipo de situaciones mediante diversas actividades y formas de expresión.

Descripción de las actividades de las acciones didácticas como alternativa de solución del dilema

Para atender la problemática presentada "La metodología aplicada en el favorecimiento del lenguaje oral en un grupo de segundo preescolar", es necesaria la puesta en marcha de diversas acciones y estrategias teóricas, metodológicas y didácticas que permitan la adquisición de conocimientos y habilidades acerca de cómo enfrentar las situaciones que se presenten en el trabajo docente relacionadas con el lenguaje oral y la intervención de la educadora.

Mediante la aplicación de diferentes actividades, se pretende adentrar al niño al lenguaje oral, asimismo, se realizará la intervención docente dentro del aula, de manera que se favorezcan las habilidades para la atención de la problemática, con la finalidad de poner en marcha diversos conocimientos que se adquirirán paulatinamente a través de este proceso.

Acción 1. Expresando ideas

Propósito general: Analizar el desarrollo lingüístico de los niños e intervenir de acuerdo a los conocimientos teóricos, metodológicos y didácticos adquiridos.

A lo largo de la semana del 17 al 19 de marzo del 2015 se llevará a cabo la aplicación de tres estrategias, en este caso, actividades con el grupo de niños, en las cuales tendrán la oportunidad de expresarse oralmente y a su vez se crearán oportunidades de intervención docente. Las estrategias que se realizarán son; "Menciona ¿verdadero o falso?", "Relacionando palabras", y "¿Cómo me siento hoy?".

De manera que se analicen los resultados de cada actividad, se realizará una lista de verificación en donde queden por asentado los avances que se han ido teniendo en cuanto a la propia intervención docente, de manera que se reconozcan errores y aciertos para cambiar o mejorar estrategias de interacción con los niños y su lenguaje oral con la finalidad de la mejora constante.

Estrategia 1. Menciona ¿verdadero o falso?

El día 17 de marzo del 2015 se llevará a cabo la aplicación de la actividad: "Menciona ¿verdadero o falso?", con el propósito de brindar a los niños del grupo oportunidades de expresarse oralmente y a su vez propiciar la intervención de la educadora, demostrando su dominio de los conocimientos teóricos y metodológicos adquiridos.

Al inicio la docente realiza preguntas a los niños, tales como ¿saben distinguir cuando algo es falso o verdadero?, ¿cómo lo saben?, ¿les gustaría participar en la actividad? Se invita al grupo a participar, y se explica en qué consiste la actividad.

Durante el desarrollo la maestra formula diversas oraciones, ya sean falsas o verdaderas, teniendo cuidado de utilizar el mismo tono y volumen de voz para evitar confusiones; cuando la educadora diga una oración, los niños explicarán si es falso o verdadero fundamentando su respuesta, es decir, por qué es o lo creen así.

Al finalizar la actividad se hará una puesta en común de los aprendizajes logrados, los niños comentan si hubo oraciones complicadas y en qué se les dificultó, además se realizan preguntas como, ¿pudieron mencionar por qué la oración era cierta o falsa?, ¿cómo lo supieron?, ¿qué diferencias encontraron entre lo que ustedes mencionaron y lo que dijeron sus compañeros?, además se realizarán los registros correspondientes en el diario de práctica sobre lo que indica el PE 2011. Como complemento indispensable para la evaluación de la actividad se realizará una grabación durante la clase con la finalidad de obtener evidencias para conocer los aciertos y áreas de oportunidad en la intervención docente durante la actividad.

La realización de la actividad se hará dentro del salón de clases, con una organización grupal sentados en media luna en el piso, se utilizará una almohada por niño para su mayor comodidad. Es de gran importancia la aplicación de esta actividad ya que esta contribuye a la expresión del infante, a su vez favorece su proceso cognitivo al pensar si es correcta o no la oración, además, esto permitirá que pueda intervenir realizando alguna corrección del habla si es necesario.

De manera que se reconozcan los logros de la intervención docente, se evaluará observando y plasmando la participación de cada niño y cómo reacciona la educadora frente a los comentarios de los mismos, por ejemplo, ¿responde a expresiones mínimas del niño repitiendo lo que presume que quiere decir?, ¿completa las expresiones de los niños agregando los elementos faltantes?, ¿hizo saber al niño que no entendió muy bien lo que él quiso decir?, cuando no entiende la idea del niño, ¿interroga de manera precisa el mensaje en sí?

Es importante recalcar que la participación de los niños es indispensable en la actividad para la creación de oportunidades de intervención por parte de la educadora en formación, analizando la puesta en marcha de la misma y sus resultados tanto favorables como negativos, mismos que servirán como base para la mejora educativa en un tiempo determinado y útiles en un futuro.

Acción 3. Exponiendo mis gustos e intereses

Propósito general: Analizar el desarrollo lingüístico de los niños e intervenir de acuerdo a los conocimientos teóricos, metodológicos y didácticos adquiridos.

A lo largo de la semana del 24 al 26 de marzo del 2015 se llevará a cabo la aplicación de tres estrategias, en este caso, actividades con el grupo de niños, en las cuales estos últimos tendrán la oportunidad de expresarse oralmente y a su vez crear oportunidades de intervención docente. Las acciones que se realizarán son; "Mi mascota favorita", "Mi deporte favorito" y "Mi oficio favorito". Con las actividades anteriores se crea la confianza para que el niño desarrolle su expresión oral.

De manera que se analicen los resultados de cada actividad, se realizará una lista de verificación en donde queden por asentado los avances que se han ido teniendo en cuanto a la propia intervención docente, de manera que se reconozcan errores y aciertos para cambiar o mejorar estrategias de interacción con los niños y su lenguaje oral con la finalidad de la mejora constante.

Estrategia 1. Mi mascota favorita

El día 24 de marzo del 2015 se llevará a cabo la aplicación de la actividad: Mi mascota favorita, con el propósito de brindar a los niños del grupo oportunidades de utilizar el lenguaje oral y a su vez propiciar la intervención de la educadora, demostrando su dominio de los conocimientos teóricos y metodológicos adquiridos.

Durante el inicio de la actividad, la docente invitará a tres de los niños a participar; se explica al grupo que se realizará una exposición de la mascota favorita de los niños. En el desarrollo, cada niño pasa al frente y muestra una lámina con dibujos o fotografías de su mascota favorita, enseguida presenta qué animal es, así como el nombre que le destinó a su mascota, se da tiempo necesario para que el niño exprese de forma oral los aspectos relevantes del animal, así como sus cuidados o formas de interacción entre él y su mascota.

Al finalizar la actividad se hará una puesta en común de los aprendizajes logrados, los participantes comentan qué es lo que sintieron al exponer quién es su mascota favorita, además expresan qué es lo que más se les dificultó, el resto del grupo señala qué les pareció escuchar a su compañero (a) y mencionan si creen que utilizó palabras correctas para expresarse. Además se realizarán los registros correspondientes en el diario de práctica sobre lo que indica el PE 2011. Como complemento indispensable para la evaluación de la actividad se realizará una grabación con la finalidad de obtener evidencias para conocer los aciertos y áreas de oportunidad en la intervención docente.

La realización de la actividad se hará dentro del salón de clases, con una organización grupal sentados en media luna, se utilizará una silla por niño. La aplicación de esta actividad es de trascendencia, ya que esta contribuye a la expresión oral del infante, permitiendo que la educadora pueda realizar alguna corrección del habla cuando sea necesario.

De manera que se reconozcan los logros de la intervención docente, se evaluará observando y plasmando la participación de cada niño y cómo reacciona la educadora frente a los comentarios de los mismos, por ejemplo, ¿responde a expresiones mínimas del niño repitiendo lo que presume que quiere decir?, ¿ completa las expresiones de los niños agregando los elementos faltantes?, ¿hizo saber al niño que no entendió muy bien lo que él quiso decir?, cuando no entiende la idea del niño, ¿interroga de manera precisa el mensaje en sí?.

Para el éxito de la actividad es indispensable la participación de los niños, analizando las características relevantes de cada mascota de esta manera se crearán oportunidades de intervención por parte de la educadora, analizando la puesta en marcha de la misma y sus resultados tanto favorables como negativos, mismos que servirán como base para la mejora educativa constante.

Desarrollo, reflexión y evaluación de la propuesta de mejora

Durante la siguiente sección se analizan detalladamente las acciones realizadas a lo largo de la intervención docente en el grupo de práctica profesional, mostrando la competencia desarrollada. Para poder reflexionar acerca de la propuesta de mejora, primero es necesario precisar el desempeño que mostré durante cada una de las acciones y sus respectivas estrategias.

Como parte final en este proceso de intervención docente en el favorecimiento del lenguaje oral en preescolar, se realizó la acción 3 denominada: "Exponiendo mis gustos e intereses". Esta se aplicó a lo largo de la semana del 24 al 26 de marzo del 2015, en este caso, actividades con el grupo de niños, en las cuales tuvieron la oportunidad de expresarse oralmente y a su vez se crearon oportunidades de intervención docente.

Dichas estrategias se realizaron con el propósito de analizar el desarrollo lingüístico de los niños mediante la exposición de diversos temas y además de intervenir como docente de acuerdo a los conocimientos teóricos, metodológicos y didácticos adquiridos. Los logros mostrados por la educadora en formación, así como por parte de los niños, fueron registrados en las listas de verificación antes mencionadas; asimismo quedó por registrado en el diario de trabajo, así como evidencias fotográficas.

Como primera estrategia se aplicó la actividad "Mi mascota favorita" el día 24 de marzo del 2015 con el propósito de brindar a los niños del grupo oportunidades de utilizar el lenguaje oral y a su vez propiciar la intervención de la educadora. La organización del grupo se realizó de acuerdo a lo previsto, en sillas y en forma de media luna para capturar de la mejor manera la atención del grupo.

Al inicio de la actividad los niños se mostraron atentos a las indicaciones, de manera que los niños que fueron seleccionados para la exposición recibieran la atención debida y el respeto necesario. Durante el desarrollo, Isa Adayely, Renata y Maximiliano demostraron sus capacidades de expresión oral, con apoyo de láminas iniciaron en orden su exposición, presentándose grandes diferencias en las formas de expresarse entre los tres alumnos. Mencionaron el nombre de su mascota, qué animal era, características físicas, actividades que ellos realizan con su mascota, comida favorita del animal, entre otras particularidades.

La intervención docente fue la de simetría del intercambio de acuerdo con la autora Manrique (1994), ya que los niños fueron los protagonistas de la actividad, dejándoles a ellos el rol de iniciadores de la acción comunicativa y desenvolvimiento frente al grupo, como docente se apoyó cuando fue necesario en momentos de nerviosismo. De esta manera no se limita al niño a responder a lo que se le cuestiona, sino que se expresa oralmente de acuerdo a lo que quiere compartir a los demás en relación a su mascota.

Reflexión de la propuesta de mejora

De acuerdo al análisis realizado en la evaluación de cada una de las acciones y sus respectivas estrategias, considero que, sin duda alguna, los alumnos obtuvieron un avance en cuanto al desenvolvimiento frente al grupo, ya que durante el transcurso de cada actividad se fueron familiarizando con este tipo de acciones, y a su vez, les costaba menos trabajo exponer sus ideas o sentimientos. Sin embargo, es importante recalcar que a pesar de los avances, aún falta continuar con la intervención docente con la intención de favorecer el desarrollo lingüístico de los niños mediante la aplicación de diversas estrategias adecuadas y con mayor complejidad conforme se avanza en su habilidad lingüística.

Si se realizan más actividades y de mayor complejidad para la atención de la problemática, se tendrán mayores oportunidades de aplicar los conocimientos adquiridos tanto teóricos como metodológicos para el desarrollo lingüístico de los niños, que a su vez, contribuye con la mejora y desarrollo de mi competencia profesional, fortaleciendo mis aciertos y favoreciendo la disminución de mis áreas de oportunidad.

Es fundamental mencionar la importancia que tuvo para mí la aplicación de esta propuesta de mejora docente en el grupo de segundo grado de preescolar, esto me permitió adquirir primeramente las herramientas necesarias para la adquisición de conocimientos teóricos respecto al desarrollo del lenguaje oral en los niños, así como apropiarme de conocimientos metodológicos que den lugar a las formas en las que puedo interactuar en el aula con los alumnos.

Durante la aplicación de cada actividad frente a grupo me percaté de las debilidades que presentaba como docente, principalmente, cómo desenvolverme en el aula interviniendo de manera que favoreciera el lenguaje de los niños. Al analizar la actividad después de su realización, me di cuenta de los desaciertos y logros que tuve en el día con los niños del salón.

A causa de esto, es necesario recalcar que se necesita mejorar mediante la constante preparación, con la intención de dominar plenamente cada uno de los aspectos lingüísticos y sus formas de interactuar con el grupo. Esto se pretende realizar en el futuro trabajo docente.

A medida que se tengan oportunidades de expresión, el niño va a sentirse más cómodo en este tipo de situaciones, además de lograr que estructuren un mensaje lingüístico cada vez más complejo y entendible para las demás personas, trayendo como beneficios el desenvolvimiento ideal como miembro de una sociedad exigente.

Conclusiones y recomendaciones

El lenguaje oral permite desenvolvernos plenamente en sociedad, mediante este, podemos expresar sentimientos, ideas, emociones, entre otras manifestaciones; por ello que es de gran importancia abordar el desarrollo lingüístico de los niños en edad preescolar, para que mediante diversas estrategias los menores favorezcan el uso de su lenguaje día a día.

El objetivo de la puesta en marcha de las acciones con sus respectivas estrategias fue brindar oportunidades de intervención docente en donde se fortaleció la competencia profesional: aplica críticamente el plan y programas de estudio de la educación básica para alcanzar los propósitos educativos y contribuir al pleno desenvolvimiento de las capacidades de los alumnos del nivel escolar, con su unidad de análisis; aplica metodologías situadas para el aprendizaje significativo de las diferentes áreas disciplinarias o campos formativos.

Se trabajó de forma simultánea en los niños el aprendizaje esperado: habla sobre experiencias que pueden compartirse, y propician la escucha, el intercambio y la identificación entre pares. Con el desarrollo de este aprendizaje esperado se pretendió que cada uno de los niños tuviera un acercamiento con el lenguaje oral cada vez más estructurado y complejo mediante la estimulación a compartir con sus compañeros las ideas o sentimientos que presentaba en el momento o de acuerdo a la actividad.

Con la realización de las acciones descritas a lo largo de esta propuesta, además de favorecer la competencia profesional, se dio por añadidura el favorecimiento del desarrollo lingüístico del grupo de práctica, sirviendo como cimiento para el pleno desenvolvimiento del infante; así como la mejora docente en relación con su intervención para el favorecimiento del lenguaje oral.

Se espera seguir con la investigación de más formas de intervenir con los niños de manera que se desarrolle su lenguaje oral. Es necesario mencionar que hace falta continuar con más actividades de este tipo para poder familiarizar a los niños con el lenguaje y de esta forma adquirir herramientas para desenvolverse plenamente en su entorno, tanto social, escolar y familiar.

Referencias

Condemarín, M., Galdames, V., & Medina, A. (1995). Taller de Lenguaje: Módulos para desarrollar el lenguaje oral y escrito. Santiago de Chile: Dolmen Educacion.

Dirección General de Educación Superior para Profesionales de la Educación. (2012). Perfil de egreso de la educación normal. Consultado el 09 de diciembre de 2014. Disponible en: http://www.dgespe.sep.gob.mx/reforma_curricular/planes/lepri/plan_de_estudios/perfil_egreso

Manrique, A. (1994). "El aprendizaje en interacción" en Leer y escribir a los 5. Buenos Aires: Aique (Aportes a la educación inicial).

Pérez, D., & Reyes, Z. (2011). Caracterización psicopedagógica de la timidez en la edad escolar. Recomendaciones para su atención. Cuadernos de educación y desarrollo, revista académica semestral, Vol 3, Recuperado en marzo del 2015, de http://www.eumed.net/rev/ced/28/porp.htm

SEP (2011). Programa de Estudios 2011. Guía para la educadora. Educación Básica. Preescolar [PE 2011]. México, D.F.

Metodología aplicada en el favorecimiento del lenguaje oral en un grupo de segundo preescolar

Apuntes y reflexiones

Mtra. Laura Elena Esquer Rodríguez

CUANDO SE HACE referencia al lenguaje oral, la mayoría de las personas dan por hecho que es una habilidad que se adquiere de manera natural en el seno de la familia -en primera instancia- y que se va perfeccionando durante la convivencia e interacción que se tiene en la medida en que los contextos se van haciendo más extensos.

Ciertamente, para poder adquirir el lenguaje oral no se requiere de una metodología específica; ya que el niño desde su primer contacto con su madre y posteriormente al interactuar con otros adultos y/o sus iguales aprende a comunicarse; ya han pasado por las etapas del balbuceo, la holofrase, el habla telegráfica y al llegar a preescolar ya son capaces de estructurar oraciones más completas, aunque en su primer año de escolaridad muchos se muestren tímidos e inseguros.

Analizando lo anterior es común que la mayoría de las personas se plantee la pregunta de qué aprenderán los niños en preescolar respecto al lenguaje oral y también por parte del docente en formación, acerca de cómo o qué hacer para desarrollar esta habilidad y los niños logren alcanzar los estándares establecidos en el Plan de Estudios 2011 de la Educación Preescolar.

El lenguaje oral es un gran reto para la futura educadora, ya que para favorecerlo debe conocer su proceso de desarrollo y especialmente la forma en que debe intervenir, atendiendo a lo esperado y que se especifica en los Planes y Programas de la Educación Básica. De ahí la importancia del presente informe de prácticas, que plasma la experiencia obtenida al aplicar actividades fundamentadas en lo establecido y que le permitió fortalecer sus capacidades, tomando como punto de referencia un área de oportunidad que atinadamente detectó y que durante el último año de su formación se dio a la tarea de ocuparse en fortalecer su capacidad para aplicar críticamente el programa de estudios de educación preescolar en el estándar de español y de esa manera contribuir al desenvolvimiento de las capacidades de los alumnos.

Recursos didácticos idóneos para favorecer el aprendizaje significativo en el área de matemáticas con alumnos de tercer grado

Cinthya Yaritza Sánchez García

Contexto en el que se realiza la mejora

Intención

LA CONSTANTE REINVENCIÓN y transformación de la sociedad del siglo XXI, los retos y desafíos que la misma demanda, así como los avances tecnológicos, son factores que han influido tajantemente para que los docentes o futuros docentes se vean precisados a mejorar, o en su caso, transformar su práctica profesional mediante estrategias y técnicas de formación. En este marco, los cuatro pilares de la educación presentados en el informe de la UNESCO (1996) se han tornado como grandes cimientos en el marco educativo, figurando en ellos las necesidades de atender a la educación a través de una práctica profesional creativa, analítica, crítica, innovadora y reflexiva, que responda a los continuos cambios que experimenta la sociedad.

La importancia de lo antes mencionado radica en que el docente tiene como propósito fundamental la educación de los estudiantes, renovar y enriquecer las estrategias empleadas adecuándolas a las características del grupo, con el fin de llevar por la senda del saber a los pupilos y coadyuvar en su formación, buscando "satisfacer la sed de conocimientos, de belleza o de superación personal" (Delors, 1996, p. 35).

La preparación profesional es todo un proceso que implica una constante transformación de la práctica, para así alcanzar los estándares de calidad que la sociedad reclama, lo relevante radica en la modificación de la misma para enriquecerla, a través de la concreción y el fortalecimiento de las competencias profesionales para desarrollarlas en el trabajo áulico. Como docente, es necesario poseer una actitud crítica que permita replantear la docencia con pertinencia y de manera oportuna, aplicando todos los conocimientos teóricos y metodológicos adquiridos durante la formación en la Escuela Normal (EN), con la encomienda de obtener excelentes resultados en todas y en cada una de las intervenciones.

A lo largo de la formación y preparación profesional que se recibió en la EN se tuvo la oportunidad de visitar diferentes contextos educativos incorporándose a condiciones similares a las de los docentes en servicio, en los cuales se pudieron advertir las dimensiones propias de la práctica profesional, que se desarrollan gradualmente para que la vida escolar se suscite de una manera óptima, con equidad, calidad y alcanzando el máximo logro de aprendizaje, como lo marcan los lineamientos de la Ley general de Educación y el artículo 3° Constitucional.

En este espacio se tuvo la gran ventaja de ampliar los saberes en cuanto a las diferentes asignaturas, así como de los conocimientos adquiridos a través de los cursos que componen la malla curricular de la Licenciatura en Educación Primaria de la EN, lo que dio la posibilidad de tener diversos encuentros y desencuentros con la docencia, que han implicado retos y experiencias durante la formación.

El propósito del presente informe es realizar y utilizar un proceso de reflexión sistemático de la práctica como herramienta para la mejora de la labor educativa y como un reto de cambio, a partir del fortalecimiento de las competencias profesionales, a fin de consolidar excelentes niveles de desempeño en el trabajo áulico.

La intención de tomar este tema referente al uso de recursos didácticos para favorecer el aprendizaje significativo en la asignatura de Matemáticas con alumnos de tercer grado implica un compromiso trascendental, al permitir revalorar las intervenciones profesionales de la propia práctica docente a partir de la utilización de herramientas didácticas creativas que despierten el interés de los educandos y los inviten a reflexionar e investigar en dicha área del conocimiento.

Contextualización

El centro educativo en el que se presentó la oportunidad de desarrollar la práctica profesional en el ciclo 2014 – 2015 lleva por nombre "Centro Escolar Talamante"; se encuentra en la ciudad de Navojoa Sonora, con dirección en Calle Alejo Toledo No. 102 Norte, entre Obregón y Morelos, en el centro de la ciudad, adscrito al sector 01 y zona escolar 04 con clave 26EPR0167K. El servicio que ofrece esta institución es de educación primaria, para niños en edad escolar, bajo un sostenimiento estatal; el organismo responsable es la Secretaría de Educación y Cultura del Gobierno del Estado. Por su parte, el plantel se encuentra ubicado en un contexto urbano, es de una organización completa y turno matutino.

El grupo de práctica, el tercer grado sección "A", se encuentra conformado por 31 estudiantes, 19 niños y 12 niñas, con edades que oscilan entre 7 y 8 años; poseen distintas maneras de adquirir conocimientos y destrezas, así como de procesar la información; es decir, presentan diferentes estilos de aprendizaje, los cuales ponen en juego al percibir, interactuar y responder a un ambiente educativo, algunos educandos son visuales, auditivos y otros kinestésicos.

Diagnóstico

Al detectar la dificultad de la propia práctica referente a la creación y utilización de recursos didácticos en Matemáticas, se estableció el primer paso para darle tratamiento a la situación, siendo este diagnosticar la concepción que tienen los diferentes actores educativos (padres de familia, alumnos, docentes y directivos) sobre la utilización de los instrumentos didácticos empleados por el docente, así como su influencia en el aprendizaje, lo que permitirá tener un panorama más amplio sobre este dilema en el plantel, contribuyendo a la posterior toma de decisiones pedagógicas.

Para efecto de dicho estudio se utilizaron encuestas para recolectar información, las cuales fueron diseñadas por el docente en formación; estas se aplicaron para indagar, analizar y evaluar la realidad en torno al dilema en la escuela primaria "Centro Escolar Talamante", así como en el grupo de práctica 3° "A", coadyuvando al conocimiento de las percepciones y la utilización que se le da a los recursos didácticos, específicamente al impartir la asignatura de Matemáticas.

Al analizar los datos ya recolectados, en este caso de los educandos, se detectó que en base a su experiencia a lo largo de su formación en los distintos grados escolares cursados, han utilizado exclusivamente como herramientas de apoyo para el aprendizaje el libro de texto, el cuaderno y ciertas actividades impresas, pasando horas y horas con ejercicios y actividades que se convierten en monótonas y desmotivadoras, cuya finalidad les resulta difícil de reconocer. En el reactivo 1, 25 alumnos siendo el 83.33% respondieron que les gustaría trabajar con recursos y materiales didácticos durante las clases, debido a que les es aburrido y tedioso utilizar exclusivamente el libro de texto.

Por otra parte, la encuesta aplicada a los docentes, consistió en 16 interrogantes cerradas y 3 abiertas, dando paso a la justificación de las respuestas; los factores principales en los cuales giró el cuestionario aplicado a la planta docente, fueron en base a la metodología de enseñanza bajo el apoyo de recursos didácticos, las ventajas y desventajas que trae consigo su utilización, así como las funciones que deben poseer estas herramientas.

En este instrumento se reflejó que los docentes han dejado de lado una gran cantidad de recursos y medios didácticos de los cuales tienen idea que pueden emplear para favorecer la apropiación de conocimientos. Es precisamente ahí donde se da una gran contradicción, ya que los maestros proyectaron tener una gran gama de conocimientos sobre las ventajas y beneficios que ofrece la utilización de recursos didácticos, pero los estudiantes afirmaron que dejando de lado el libro de texto y el cuaderno, es escaso o nulo el empleo de los mismos, mostrando un gran desfase entre lo que dicen y hacen los profesores.

Por su parte los maestros afirmaron que la utilización de materiales educativos trae consigo gran cantidad de beneficios en el proceso de enseñanza y aprendizaje; pero también el 23.5% de la planta docente afirmó que sí encuentra desventajas al trabajar en clase con la utilización de recursos didácticos, dentro de esos inconvenientes enunciaron: el descontrol del grupo, el no culminar las actividades, convertirse en un distractor en lugar de una herramienta de trabajo, el mal uso que le den los niños (golpes, destrozos), "es muy complicado y desgastante elaborar mucho material" manifestaron los docentes.

Tras analizar los resultados de las encuestas se infiere que se están formando alumnos memorísticos, reproductores, con escasa posibilidad de formular argumentos que validen resultados, en general se forman a estudiantes de poco análisis, exigua creatividad y nula capacidad de asombro; y es precisamente ahí donde entran en juego los recursos didácticos, de la misma manera que los docentes los catalogaron como "una gran herramienta de aprendizaje", donde el 100% de los mismos respondió que es realmente importante utilizarlos dentro del trabajo áulico, apoyando en la mayor medida posible, no solo al docente al impartir las clases, sino también al educando en la apropiación del conocimiento.

En lo que concierne al cuestionario aplicado a padres de familia, consistió en una encuesta con un total de 9 ítems con respuestas de opción múltiple, los cuales iban dirigidos a la utilización de recursos didácticos en el grupo de sus hijos, el impacto que estos tienen en la formación de los mismos y el papel del docente en torno al empleo de estas herramientas para la enseñanza.

Los padres de familia del tercer grado "A" consideraron sustancial el apoyo de este tipo de herramientas en la formación académica de sus hijos, catalogándolos como una gran influencia para lograr en ellos un aprendizaje significativo, pero a su vez, alrededor del 20% de los padres del grupo, estimaron que son insuficientes los recursos y materiales didácticos que utiliza el docente en la enseñanza.

El instrumento de recolecta de datos dirigida al directivo de la institución consistió en una entrevista bajo la modalidad estructurada, compuesta de 7 preguntas, las cuales tenían la finalidad de conocer las estrategias de promoción entre el colectivo docente en cuanto a la utilización, diseño o adquisición de recursos didácticos para favorecer el aprendizaje significativo de los estudiantes del plantel educativo.

Al llevar a cabo el análisis e interpretación de datos, el directivo estima que sí considera e impulsa el uso de recursos didácticos en las aulas con el fin de favorecer aprendizajes duraderos en los estudiantes. Mencionó que él apoya con la gestión y entrega oportuna de los libros de texto y materiales como el pizarrón, pero concibe que los docentes deben utilizar otro tipo de recursos, aunque "estoy consciente que no muchos los utilizan en su trabajo con los niños" afirmó el maestro.

Al indagar sobre la utilización de recursos didácticos idóneos para la promoción del aprendizaje significativo en la institución, se encontró favorable la puesta en marcha de un plan de acción a partir de la práctica docente, a fin de coadyuvar la formación de los escolares y el fortalecimiento de las intervenciones docentes, mediante el diseño y empleo de materiales didácticos para la generación de aprendizajes significativos.

Descripción y focalización del dilema

La calidad de los sistemas educativos actuales es consecuencia de múltiples factores, uno de ellos en el que recae mayor responsabilidad es en la calidad de los docentes que se encuentran frente a los grupos; al reflexionar sobre la práctica pedagógica se presentan "desencuentros" inherentes a la labor docente, los cuales se tornan como problemas o ambigüedades que a su vez representan grandes retos por vencer. En este escenario, Zabalza (2004) enmarca que dichos dilemas "son constructores descriptivos (esto es, identifican situaciones dialécticas y/o conflictivas que se producen en los procesos didácticos) y próximos a la realidad" (p. 83) que se le presentan al docente en el ejercicio de su labor educativa.

Como profesional de la educación, uno de los principales dilemas que se enfrentó al realizar el trabajo áulico fue la creación y utilización de recursos didácticos para abordar una asignatura que con el paso de los años se ha caracterizado como aburrida, basada en la mecanización con escaso análisis y razonamiento, aunado a que es uno de los contenidos curriculares que requiere mayor compromiso dentro del marco educativo por su gran utilidad en la vida diaria, siendo esta la asignatura de Matemáticas. Por ello, resultó necesario subsanar una debilidad de la propia práctica que giró en torno a la interrogante: ¿Qué recursos y materiales didácticos se deben utilizar para el diseño de planificaciones acordes a los intereses de aprendizaje de los alumnos en el área de matemáticas en un tercer grado?

La decisión se toma a consecuencia de que las estrategias implementadas para la enseñanza de esta área del conocimiento, en ocasiones no garantizaban la plena comprensión del alumno frente a un tema de estudio determinado; ya que se habían limitado a actividades de carácter mecánico, visual y auditivo que quizá no generaban ningún interés en el estudiante; por ende ningún aprendizaje significativo. Es importante mencionar que la ausencia de material didáctico y clases dinámicas en las sesiones de la asignatura provocaba poca motivación e interés por parte de los educandos.

Dentro del marco educativo, para que el profesor atienda de manera efectiva a las generaciones actuales y futuras, durante su formación se le brinda la oportunidad de desarrollar y desplegar una serie de competencias profesionales, que enmarcan los aspectos específicos de la profesión para desarrollar prácticas en escenarios reales; es decir, se habla del "conjunto de competencias, rasgos y capacidades que, certificadas apropiadamente permiten que alguien sea reconocido por la sociedad como profesional, y que tiene además la posibilidad que se le puede encomendar tareas para las que se supone capacitado..." Lo anterior se convertirá en la carta de presentación parte del perfil profesional docente (Pavie, 2009, citado por Acuña y Enríquez, 2013, p.7).

Por lo tanto, se desprende la necesidad de mejorar y fortalecer una de las competencias profesionales enmarcadas en la Reforma Curricular Para Educación Normal (DGESPE, 2011), para favorecer la propia práctica docente así como la formación de los alumnos, siendo esta: "aplica críticamente el Plan y Programas de Estudio de la Educación Básica para alcanzar los propósitos educativos y contribuir al pleno desenvolvimiento de las capacidades de los alumnos del nivel escolar", en la unidad de competencia: "emplea los recursos y medios didácticos idóneos para la generación de aprendizajes de acuerdo con los niveles de desempeño esperados en el grado escolar", parte del ámbito dos: "organización del ambiente en el aula".

Al reflexionar sobre el ámbito de la formación docente, específicamente en la unidad de competencia mencionada con anterioridad, se optó por enfocarla a la asignatura de Matemáticas en los bloques tres y cuatro, debido a que se detectó la debilidad en la creación y utilización de materiales educativos para impartir dicha disciplina, con el firme propósito de dejar en los estudiantes una mayor comprensión de los contenidos curriculares, un aprendizaje significativo y el fortalecimiento de la práctica docente.

La enseñanza y aprendizaje de las matemáticas en la etapa primaria, sobre todo en los primeros grados ha de basarse en experiencias concretas. Los educandos lograrán la construcción de conocimientos mediante un procedimiento activo por parte del docente, que requiere del diseño, creación y utilización de recursos. "Una matemática que se sustente en la reflexión y el pensamiento, partiendo de la práctica, la exploración, indagación, manipulación y la experimentación exige disponer de materiales variados" (Soriano, 1995, citado por Hernández, 1999, p. 22).

Pero, ¿qué es un recurso didáctico?, "se refiere a todos aquellos apoyos pedagógicos que refuerzan la actuación docente, optimizando el proceso de enseñanza aprendizaje" (Moya, 2007, p. 1). Es decir, materiales, medios didácticos, soportes físicos y tecnológicos, actividades, juegos, etcétera, que van a proporcionar al formador apoyo en su intervención en el aula, con el fin de favorecer y promover el aprendizaje significativo. Dichos recursos facilitan y estimulan la adquisición de conocimientos, habilidades, actitudes y destrezas en los educandos, mediante el favorecimiento de las áreas cognoscitivas y lúdicas de los estudiantes en nivel primaria.

Al hablar del aprendizaje significativo se evoca a aquello que se produce cuando el sujeto relaciona información o conceptos nuevos con sus ideas, experiencias o conocimientos previos, logrando así extraer y construir significados y adquirir mayores niveles de comprensión, donde un punto importante en el cual se debe hacer hincapié, es que solo en la medida que se dé esta vinculación se puede considerar que los sujetos realizan aprendizajes duraderos (Ausubel, s/f).

Después de la revisión de la propia experiencia profesional, las características del contexto escolar y del grupo atendido, se considera necesario efectuar una serie de acciones que tengan como propósito general la consolidación de competencias profesionales mediante la búsqueda, selección, diseño y aplicación de recursos y materiales didácticos idóneos; tornándose como herramientas claves para el proceso de enseñanza de las matemáticas, bajo el ideal de favorecer un aprendizaje significativo; por ello, surge la imperante necesidad de conocerlos y aplicarlos dentro del trabajo áulico con los alumnos de tercer grado.

Descripción de las actividades de las acciones didácticas como alternativa de solución del dilema

Se muestra ineludible la transformación de la práctica educativa, para atender las exigencias de un mundo globalizado y en constante cambio, "misma que demanda de los profesionales de la educación un cúmulo de habilidades, capacidades y, sobre todo, compromisos con la tarea que se les confía" (Acuña y Enríquez, 2013, p. 4).

Como maestro se busca subsanar las debilidades dentro de la práctica docente a través de la puesta en marcha de acciones que fortalezcan las intervenciones educativas y la formación académica de los estudiantes. Dentro del trabajo docente se debe de utilizar de manera habitual recursos que posibiliten la manipulación, experimentación, observación, la creatividad, el juego, la imaginación y la búsqueda de conocimientos. Todo aquello que permita una enseñanza experimental de las matemáticas trasformará por completo la clase, repercutiendo directamente en los alumnos mediante el aprendizaje significativo como en la propia práctica docente, logrando así una educación de calidad.

El diseño de situaciones didácticas acordes con las exigencias del mundo actual se ha convertido en unas de las principales tareas educativas, elemento sustancial que determinará el éxito en cada intervención. Se pretende que como futuro docente se desarrolle el potencial para crear un ambiente de clase propicio para el proceso de enseñanza y aprendizaje, tomando en cuenta el contexto, las necesidades, características de los estudiantes, estilos para aprender, sus saberes, además de las motivaciones e intereses de los pequeños; considerando la progresión de los contenidos curriculares y el avance real del propio grupo al que se atiende.

Por lo tanto, al tener definido el dilema: ¿Qué recursos y materiales didácticos se deben utilizar para el diseño de planificaciones acordes a los intereses de aprendizaje de los alumnos en el área de matemáticas en un tercer grado? se procedió a la planificación de líneas de acción para la mejora en vías del perfeccionamiento de dicha unidad de competencia y disminución del dilema antes enunciado, diseñadas para ser aplicadas para impartir la asignatura de Matemáticas, en el tercer y cuarto bloque.

La acción a efectuarse corresponde al "diseño y utilización de recursos y materiales didácticos", dentro de la cual se establecen actividades que giran en torno al empleo de los mismos. Entre ellas se encuentran: "Bingo de fracciones", "Edupeques - ¡El mundo de las fracciones!", "Rally matemático" e "Incorporando la combinación de diversos recursos didácticos al aprendizaje de las fracciones equivalentes".

La línea de acción muestra el esfuerzo de hacer de las matemáticas una asignatura donde la enseñanza, la apropiación de conocimientos, los recursos didácticos, el trabajo colaborativo y el juego coexistan en clases no tradicionalistas y dinámicas. Se describen de manera detallada la acción con sus respectivas actividades antes mencionadas; sus propósitos, el desarrollo de las secuencias didácticas, los recursos a utilizar, la modalidad de evaluación y evidencias; así como las fechas de ejecución de las mismas.

Diseño y utilización de recursos y materiales didácticos

Esta acción tiene como propósito general: consolidar las competencias profesionales mediante la búsqueda, selección, diseño, aplicación de recursos y materiales didácticos idóneos para favorecer el aprendizaje significativo, asimismo que estos respondan a los intereses de los estudiantes al abordar temas de la asignatura de Matemáticas.

Los propósitos específicos a desarrollar se enuncian a continuación: 1. Conocer e identificar las características, necesidades, intereses y motivaciones de los educandos; 2. La creación y empleo de recursos didácticos, ya sea manipulables, tecnológicos, lúdicos así como audiovisuales para la promoción de aprendizajes duraderos, basados en el enfoque de enseñanza de las matemáticas enmarcado en el plan y programas de estudio vigente.

En la acción presentada se crearán y a su vez utilizarán objetos, aparatos o apoyos dirigidos a que la enseñanza de las matemáticas sea más fructífera y el rendimiento del aprendizaje sea mayor y duradero, tornándose como una herramienta que facilite y fortalezca el proceso de enseñanza y aprendizaje; estos a su vez deberán de tener características específicas: ser manipulables, motivadores, novedosos, funcionales, llamativos, atractivos y adecuados; en los que el alumno toque, descubra, construya y aprenda, adquiriendo así un aspecto funcional, dinámico y creativo, propiciando enriquecer la experiencia del alumno ante determinada temática.

Utilización de las TIC como herramienta de enseñanza y aprendizaje: "Edupeques - ¡El mundo de las fracciones!"

Los software educativos son entendidos como programas que tienen una finalidad específica, siendo esta facilitar y apoyar el proceso de enseñanza y aprendizaje, auxiliado de recursos multimedia como: fotos, videos, animaciones, gráficos, audios, entre otros; este será creado para su implementación por la docente en formación mediante una presentación Power Point interactiva, el cual será llamado: "Edupeques - ¡El mundo de las fracciones!"

La presente actividad se concibe para que alumnos y maestros se acerquen a los contenidos de los programas de estudio de Educación Básica, para promover la interacción, el desarrollo de las habilidades digitales y para que los estudiantes logren su autonomía. Será un programa enfocado a formalizar definiciones, habilidades y destrezas en torno a las fracciones, coadyuvando a la experimentación y planteamiento de problemas que permitan un análisis ante cada situación, esto apoyado en las tecnologías. Asimismo, posibilitará el fortalecimiento de la competencia profesional referente al uso de las TIC como una herramienta de enseñanza y aprendizaje.

La implementación de esta actividad será para abordar el subtema ¿En partes iguales? correspondiente al tema de fracciones, parte del bloque III; dicho subtema pretende que el educando aplique los conocimientos básicos concernientes a las fracciones como lo es su representación, forma de leerlas, escribirlas, aunado a la utilización de las mismas para representar resultados de reparto. Este tópico pertenece al eje: sentido numérico y pensamiento algebraico.

Por medio de la actividad presentada se busca alcanzar el aprendizaje esperado que gira sobre el uso de fracciones del tipo m/2n (medios, cuartos, octavos, entre otros) para expresar oralmente y por escrito medidas diversas, así como resolver problemas de reparto cuyo resultado sea una fracción. Es necesario mencionar que, para alcanzar dicho aprendizaje y favorecer la intervención docente, se utilizarán recursos didácticos bajo la modalidad de materiales manipulativos y tecnológicos.

Para iniciar la sesión, se presentarán distintos objetos y productos como lo es una galleta, una flor, una mandarina y un chocolate, con el fin que los estudiantes identifiquen el ejercicio de la repartición utilizando fracciones. Las situaciones girarán sobre problemas fraccionarios de la vida diaria.

La actividad anterior será introductoria a la clase, para que posteriormente los niños observen, escuchen y analicen el video "introducción a las fracciones", el cual consistirá en la utilización de los quebrados en la vida cotidiana, ya sea en los juegos, la comida y/o los deportes, reconociendo el impacto que tienen las fracciones en la cotidianeidad.

Se invitará a los estudiantes a formar equipos de seis integrantes mediante la dinámica "los colores". Acto seguido se les presentará el Software "Edupeques" que contendrá las indicaciones y pruebas para que los equipos formados sean protagonistas en las actividades propuestas. El programa consistirá en una presentación de Power Point interactiva, que permitirá a los alumnos participar en diferentes situaciones didácticas.

"Edupeques -¡El mundo de las fracciones!" estará formado por distintas secciones; primeramente tendrá un apartado de tutorial para esclarecer dudas, los tópicos por abordar en ese apartado serán: fracciones, las partes de la misma, la forma de leerlas y de representarlas, así como la presentación de problemas de repartición. Después se presentará una sección de juegos y actividades, los cuales estarán distribuidos en un panel con 42 casillas, mismas en las que habrá un desafío oculto por resolver; por equipos elegirán el número que deseen y cumplirán con la encomienda señalada.

Las tareas que se realizarán en el desarrollo del programa son: relacionar imagen con el nombre de la fracción así como el nombre con la imagen, lectura y escritura de quebrados, completar frases, responder preguntas, cumplir con premios y castigos; representar gráficamente fracciones así como problemas que requieran aplicar el ejercicio de reparto. Sus contenidos serán especialmente ilustrativos y explicativos, esto por medio de animaciones, audios e imágenes, haciendo más dinámico el desarrollo de competencias.

La forma de participar en la actividad descrita será por turnos. Uno a la vez, los equipos seleccionarán una casilla, y dispondrán de un tiempo suficiente para dar solución a la situación presentada. Terminado ese lapso, un representante del equipo seleccionará la respuesta en la computadora; si aciertan se ganan un punto y se continúa con el siguiente equipo. Estos puntos serán acumulativos.

Si el equipo que tiene la oportunidad de resolver la problemática planteada en la casilla que seleccionaron no acierta a la respuesta, o tarda mucho en resolver la actividad, pierde el turno, brindándole el espacio para contestar a otro grupo, esto mediante una tómbola en la que se irán eliminado las esferas hasta que estas se agoten. Lo anterior será para dar las mismas oportunidades a todos los equipos para "robar puntos".

"Edupeques" terminará cuando se hayan agotado todas las casillas del tablero. Acto seguido se contabilizarán los puntos, se asignará un equipo ganador que recibirá su incentivo y se socializarán las temáticas en las que se incurra en un mayor registro de fallas. Dicho programa tendrá un toque lúdico, interactivo y pedagógico, con el fin de incentivar en los educandos el deseo de aprender a través de la motivación, así como favorecer la apropiación de conocimientos de manera significativa.

Para cerrar, se responderá un ejercicio de reforzamiento sobre los contenidos abordados en la sesión. Se hará una retroalimentación de lo visto en clase; compartiendo las experiencias vividas en la actividad. Se evaluará mediante una lista de cotejo sobre los conocimientos fraccionarios básicos, cumplimiento en tiempo y forma con los ejercicios, la actitud y disciplina durante la clase, el trabajo en equipo, resolución de la actividad de reforzamiento, participación activa en el software educativo. Se tendrá como evidencia de aprendizaje la lista de cotejo, fotografías de la participación en el software educativo y las actividades resueltas.

Lo mencionado en párrafos anteriores será aplicado para abordar uno de los contenidos catalogados como complejos dentro de la cultura matemática, se realizará con rigor didáctico y de la manera más amena y motivadora posible, pretendiendo fortalecer la práctica pedagógica, facilitar la autonomía de los educandos así como favorecer el desarrollo del gusto por el descubrimiento matemático; además, buscará ser un material atractivo e interesante tanto para alumnos como para la docente.

Desarrollo, reflexión y evaluación de la propuesta de mejora

Dentro de la metodología didáctica aplicada como alternativa de solución al dilema que enmarca el presente informe, se encuentra la acción didáctica con sus respectivas actividades, por lo cual resulta inherente conocer y analizar detalladamente el desarrollo y evaluación de las mismas, así como la revisión de resultados obtenidos en cada una de ellas. A su vez, es imprescindible observar el ciclo de reflexión que precede a cada una de las actividades establecidas. Lo anterior permitió conocer la consistencia y pertinencia de las estrategias realizadas así como el impacto de la intervención docente en cada una de ellas.

Diseño y utilización de recursos y materiales didácticos

La aplicación de esta acción con sus respectivas actividades con explícita e indudable intencionalidad pedagógica realizadas por la docente, se llevaron a cabo de manera exitosa y con resultados favorables; ya que fue posible la puesta en marcha de situaciones didácticas en el marco de la aplicación de recursos y materiales didácticos idóneos, que respondieran a los intereses de los estudiantes de tercer grado al abordar temas de la asignatura de Matemáticas, correspondientes a los bloques 3 y 4 del programa de estudios.

Los recursos y materiales elegidos para su aplicación tuvieron un gran impacto en los educandos, debido a que siempre se mostraron atentos, motivados e interesados por lo que se estaba realizando, como ellos mismos referían: "esto hace ver las matemáticas de manera fácil y divertida"; dichas herramientas fueron atractivas, llamativas, motivadoras, funcionales, adecuadas y apegadas a la realidad; dejando en ellos aprendizajes significativos; enriqueciendo en gran medida el desarrollo de las sesiones correspondientes a las estrategias ejecutadas. Ese impacto también residió en la práctica docente; puesto que se pusieron a prueba y en fortalecimiento habilidades y conocimientos en vías de la mejora profesional.

Es necesario mencionar que en la acción, el rol de la planificación fue de gran utilidad, tornándose como un elemento sustantivo de la práctica docente para potenciar el aprendizaje de los estudiantes hacia el desarrollo de competencias, pero según las circunstancias es ineludible adecuar el trabajo cuando se requiera; por lo que es necesario mencionar que durante la aplicación de las actividades se realizaron ajustes al currículo y de acceso, a fin de que la enseñanza de las matemáticas fuera más fructífera y el rendimiento del aprendizaje mayor y duradero; dando paso al perfeccionamiento de las competencias profesionales de quien redacta.

Utilización de las TIC como herramienta de enseñanza y aprendizaje: Edupeques - ¡El mundo de las fracciones!

Uno de los recursos que el docente puede utilizar para brindar experiencias de aprendizaje significativo para los educandos al abordar la asignatura de Matemáticas, es el uso de las Tecnologías de Información y Comunicación (TIC), debido a que estas "buscan apoyar el aprendizaje de los estudiantes, ampliar sus competencias para la vida y favorecer su inserción en la sociedad del conocimiento" (SEP 2011, p. 70).

Lo mencionado anteriormente es posible darlo a conocer gracias a la aplicación del software educativo bajo la modalidad de una presentación Power Point interactiva, la cual fue diseñada tomando como referente las debilidades presentadas en la actividad anterior para su fortalecimiento, a fin de utilizar otro recurso didáctico como auxiliar de la intervención docente y coadyuvar al ofrecimiento de una explicación más detallada de los contenidos; la puesta en marcha de esta tarea fue para abordar el subtema ¿En partes iguales? parte del tema de fracciones.

Para su realización, fue necesario llevar a cabo ciertas adecuaciones de acceso por motivos del espacio áulico; el salón de clases es pequeño lo que no permitiría un desenvolvimiento adecuado durante el desarrollo de la actividad; el ajuste que se realizó fue el traslado a la biblioteca escolar, con la intención de tener una mejor visualización de la pantalla y un lugar más amplio para el óptimo desplazamiento, tanto de alumnos como de la docente.

Para iniciar, y teniendo de base los esquemas mentales que los niños poseen ante un nuevo tema de estudios, se activaron conocimientos a través de la presentación de objetos y productos, con el fin que los educandos identificaran el ejercicio de la repartición utilizando fracciones. Para ello se trató de movilizar lo aprendido en sesiones anteriores sobre la lectura de quebrados, estableciendo un vínculo insoslayable entre dicho contenido y los problemas de reparto cuyo resultado era una fracción.

Mediante sus participaciones y aportaciones, los niños del grupo de práctica demostraron haber adquirido saberes en cuanto a la expresión de quebrados para dar a conocer información, esto se denota porque les resultó altamente fácil realizar los problemas de fracciones a partir de los productos manipulados.

Luego se dio a conocer la utilidad de las fracciones en la vida diaria, primeramente con participaciones de los propios niños y de la docente, posteriormente a través de la presentación de un video, el cual marcó una forma de trabajo distinta a la que se venía realizando, tornándose como un medio didáctico que facilitó en gran medida el descubrimiento y la asimilación de las fracciones en la cotidianeidad, donde los niños se mostraron motivados e interesados, esto gracias a la imagen, movimiento, interactividad y sonido del video, captando por completo la atención de los mismos.

Posteriormente se reunieron en equipos mediante la dinámica "los colores". Al final se formaron cinco equipos. En su realización no hubo problemas de orden, solo un caso de disciplina de una de las estudiantes, por capricho se reusaba a formar parte del equipo que le había tocado, se habló con la niña y un momento después la misma se incorporó a uno de los equipos.

Acto seguido, se dieron las indicaciones para participar en el software educativo "Edupeques", posteriormente dio inicio el juego; los niños se mostraron realmente interesados y ansiosos por pasar a la manipulación del sistema de cómputo, ya que los contenidos del programa eran especialmente ilustrativos y explicativos, a través de animaciones, audios e imágenes, haciendo más dinámico el desarrollo de la consigna, aunado a que era tarea que esporádicamente realizaban en el trabajo áulico.

El trabajo colaborativo fue crucial para el desarrollo de esta actividad debido a que se "orientan las acciones para el descubrimiento, la búsqueda de soluciones, coincidencias y diferencias, con el propósito de construir aprendizajes en colectivo" (SEP 2011, p. 29), esto para poder solucionar los retos matemáticos seleccionados, a través del apoyo y colaboración del propio equipo, siendo los protagonistas de las actividades propuestas.

Fue posible observar que dentro de cada uno de los equipos los estudiantes intercambiaban ideas y trabajaban en la consigna, donde todos los miembros se hacían partícipes; "Comparando los resultados de esta forma de trabajo, con modelos de aprendizaje tradicionales, se ha encontrado que los estudiantes aprenden más cuando utilizan el aprendizaje colaborativo" (Johnson y Johnson, 1999, citado por Cabrera, 2008, p. 17), era evidente el trabajo realizado por los alumnos, ya que tenían una meta en común, recabar más puntos para ser el equipo ganador.

En el juego "Edupeques" no fue posible abordar las 42 casillas, pero sí el 85% de la totalidad de las mismas; en su desarrollo no se presentó ningún problema, todo fluyó de la mejor manera, los estudiantes resolvieron los desafíos rápidamente; gracias al toque lúdico, interactivo y claramente pedagógico del programa, favoreciendo la apropiación de saberes y el potenciamiento de competencias matemáticas, teniendo de por medio la motivación intrínseca de los pupilos, debido a que la misma nacía del placer y satisfacción que obtenían al realizar la tarea mediante la experimentación con el software.

Al analizar los tópicos de los cuales estaba formado el panel, los niños mostraron mayor dificultad al resolver problemas de reparto, aun confundían la función del numerador y denominador, por tal motivo fue necesaria la intervención docente, explicando a nivel grupal y acompañando con ejemplos; esto favoreció en gran medida a la comprensión de problemas de reparto cuyo resultado era una fracción. Un factor favorable fue el apoyo mutuo en el interior de los equipos, ya que "los grupos pequeños representan oportunidades para intercambiar ideas con varias personas al mismo tiempo, en un ambiente libre de competencia" (Cabrera, 2008, p. 13). Esta práctica fue favorecedora, dadas sus posibilidades de interacción y colaboración, coadyuvando a la realización de la consigna.

Al culminar se contabilizaron los puntos obtenidos en cada uno de los equipos a través de la sumatoria de las respuestas correctas en cada ronda de retos; cabe mencionar que cada resolución acertada tenía el valor de un punto, los cuales eran de carácter acumulativo. Acto seguido, se designó el equipo triunfador, el cual recibió un incentivo por su empeño y destacada participación en el desarrollo del software educativo.

Posteriormente se analizó un video tutorial de saberes básicos concernientes a la temática de fracciones, lo que encauzó la realización de la actividad de reforzamiento sobre los contenidos abordados en los ejercicios de cada casilla; asimismo, se les brindó la posibilidad de compartir información con el equipo con el que se encontraban agrupados, favoreciendo en gran medida la resolución de dicho ejercicio.

Con apoyo de la docente se retroalimentó lo abordado en la sesión; donde los niños hicieron participaciones acertadas con respecto a los tópicos analizados como lo era la función del numerador y denominador, utilización de fracciones en la vida diaria, el lugar en el cual se podían encontrar los quebrados; de igual forma, compartieron su experiencia, argumentando que había sido de su agrado, aunado a que era una manera diferente y agradable de trabajar las matemáticas, en este caso con el tema de fracciones.

Al evaluar la sesión por medio de una lista de cotejo y la observación directa de la actuación de los dicentes en el desarrollo de las actividades didácticas, mostraron haber logrado los aprendizajes esperados, los niños utilizaron las fracciones del tipo $m/2n$ para expresar tanto oral como por escrito información así como la resolución de problemas de reparto donde el producto fuese un quebrado.

En el primer criterio correspondiente al inicio de la sesión se obtuvieron muy buenos resultados, el 80.64% obtuvieron el punto correspondiente a este criterio pues lograron identificar el ejercicio de reparto utilizando fracciones, aunado a la resolución de manera efectiva de los problemas de quebrados a partir de los productos presentados, considerando que les parecieron más comprensibles los mismos gracias a los artículos mostrados.

En cuanto al criterio de desarrollo (5 puntos) se obtuvo un promedio general de 4.6; en este apartado hubo muy buen rendimiento por parte de los estudiantes, debido a que participaron activamente en el software educativo "Edupeques -¡El mundo de las fracciones!", tomaron en cuenta la modalidad de la actividad, mantuvieron una actitud favorable ante la misma y trabajaron en equipo. No se tuvo problema alguno.

En lo que correspondió al cierre se obtuvo un promedio de 80% de aprovechamiento, al observar, analizar y evaluar las evidencias correspondientes a este apartado, se percató que una minoría del grupo aun confundía la ubicación de las partes de la fracción: numerador y denominador, pues es preciso mencionar que de entre los contenidos que presentan mayor dificultad en el currículo actual, se encuentra el aprendizaje de las fracciones propio de la asignatura de Matemáticas.

En términos de porcentaje, esta secuencia tiene un 90% de pertinencia. Desde una perspectiva general se considera que se obtuvieron muy buenos resultados en el desarrollo de la misma, pues alcanzó el aprendizaje esperado que se buscaba y contribuyó al desarrollo de competencias matemáticas en los estudiantes y la mejora de la práctica profesional.

En este caso la utilización de la tecnología como recurso didáctico bajo la modalidad del diseño de un software educativo favoreció en gran medida para potenciar el aprendizaje significativo en los educandos coadyuvando a la consecución de competencias no solo matemáticas sino también digitales, a sabiendas que la enseñanza mediada por las TIC promueve el gusto por el descubrimiento de nuevos saberes, ya que hoy en día se vive una era totalmente tecnológica y digitalizada.

Gracias a la actividad implementada se evidencia el favorecimiento de competencias no solo en los educandos sino también de la propia práctica profesional; dejando de aprendizaje que la tecnología puede utilizarse como un recurso didáctico idóneo para la generación de aprendizajes duraderos de acuerdo con los niveles de desempeño esperados. En cuanto a los espacios a mejorar se ve la necesidad de seguir investigando sobre el desarrollo de nuevos softwares o materiales educativos que puedan privilegiar el acercamiento del grupo a los temas a tratar, así como fomentar la participación de todos los estudiantes.

Conclusiones y recomendaciones

El trabajar con las matemáticas deriva una experiencia interesante. Para quien redacta resultó una gran satisfacción poder introducir a los niños al mundo de esta disciplina de manera atractiva, novedosa e interesante; en este sentido, el uso de recursos didácticos jugó un papel sustantivo al potenciar el desarrollo matemático y el aprendizaje significativo.

Gracias al plan de acción realizado se vieron fortalecidas las competencias profesionales, siendo una de estas el "empleo de recursos y medios didácticos idóneos para la generación de aprendizajes de acuerdo con los niveles de desempeño esperados", dando solución al dilema planteado para efectos de este informe. La consolidación de esta competencia y otras que se abordaron en el trascurso de esta experiencia, resulta fundamental para llevar a cabo la labor docente en sus diferentes dimensiones como la social, institucional, didáctica, personal e interpersonal, recuperando la esencia de la profesión.

En el contexto del enfoque didáctico que rige la enseñanza de las matemáticas, y tomando de base el principio pedagógico que alude a "usar materiales educativos para favorecer el aprendizaje", la intencionalidad y contenido de los recursos implementados figuraron como herramientas para confrontar, construir y aplicar los saberes adquiridos, estos en concordancia con las secuencias de situaciones problemáticas que despertaran el interés de los alumnos y los invitaran a reflexionar.

En función de la solución del problema de la propia práctica, los dicentes jugaron un papel crucial, al realizar efectivamente las actividades propuestas en el plan de mejora; su actitud cambió de manera radical hacia la asignatura de Matemáticas, se observó una mejor interacción entre los miembros de clase; el interés de los niños se incrementó al momento de trabajar con distintos recursos didácticos, se reguló la participación conflictiva, posibilitó potenciar el trabajo colaborativo y permitió desarrollar la capacidad de asombro y creatividad en los escolares, gracias al desarrollo de una didáctica activa, privilegiando la experiencia del infante ante el estudio de contenidos matemáticos.

El impacto de la metodología basada en la utilización de recursos educativos se logró constatar al observar los resultados obtenidos en las evaluaciones de las distintas actividades aplicadas, donde las cuatro tareas llevadas a cabo se consideraron adecuadas y oportunas, puesto que lograron los aprendizajes esperados y coadyuvaron al desarrollo de competencias matemáticas en los escolares; asimismo mediante el ciclo reflexivo de Smith y las cuatro fases inherentes al mismo, se posibilitó mejorar el potencial de transformación o en su caso modificación del ejercicio de la profesión; lo que permitió revalorar y evaluar cada una de las intervenciones.

La potencialidad de los recursos didácticos puede ser equiparable con procesos de innovación y calidad educativa, siempre y cuando estas herramientas cumplan con ciertas características, tales como: fomentar la participación, la reflexión, ser acordes a las necesidades e intereses de los escolares y del contexto en el que se desenvuelven; deben ser funcionales, atractivos, promover el trabajo colaborativo; tienen que facilitar la tarea docente y su capacidad creativa, su misión será promover el aprendizaje significativo y complementarse con otros materiales; fundamentado en lo establecido en los Planes y Programas de Educación Básica.

Se recomienda que se estudie no solamente las necesidades y características de los aprendices sino también la función, estructura y propiedades de los materiales a utilizar en el proceso de enseñanza y aprendizaje, requiriendo establecer un vínculo insoslayable entre las herramientas didácticas a emplear y el contenido a abordar; esto debe realizarse al planificar un trabajo de aula que considere la utilización de recursos didácticos en cualquiera de sus modalidades.

El docente que la sociedad demanda debe ser capaz de llevar a los escolares al logro de los estándares de calidad, teniendo en cuenta que en la gran tarea de educar, se deben poseer bases teóricas y metodológicas, herramientas didácticas y técnicas que puedan ser usadas en distintos contextos; se busca potenciar las capacidades de los docentes y desarrollar sus saberes para atender las exigencias de este mundo cambiante y globalizado; convirtiendo, de esta manera, la mejora de la práctica docente en un elemento prioritario.

Referencias

Acuña, F. y Enríquez, M. (2013). *"Las competencias profesionales del nuevo docente"*. Ensayo presentado y dictaminado en el Congreso Internacional de Investigación y Formación Docente.

Ausubel David (s/f). Teoría del aprendizaje significativo. Recuperado de: http://delegacion233.bligoo.com.mx/media/users/20/1002571/files/240726/Aprendizaje_significativo.pdf

DGESPE, (2011). *Documento base para la consulta nacional. La Reforma Curricular Para Educación Normal.* Recuperado de: http://www.enesonora.edu.mx/plan_estudios/Reforma_planes/documento_base_31_julio_2011.pdf

Delors, J. y otros (1996). *La Educación encierra un tesoro.* Informe a la UNESCO de la Comisión Internacional sobre la Educación para el Siglo XXI (Madrid, Santillana-UNESCO). Recuperado de: http://unesdoc.unesco.org/images/0010/001095/109590so.pdf

Hernández, P. y Soriano, E. (1999). *Enseñanza y aprendizaje de las matemáticas en Educación Primaria.* Capítulo 2: Cómo se enseñan y se aprenden las matemáticas en Educación Primaria, (pp. 22 – 46)

Moya, Antonia (2007) "Recursos didácticos en el aula". Revista digital: Innovación y experiencia educativa, 1 – 9.

SEP (2011). *Plan de estudio 2011 Educación Básica.* Primera edición 2011. México.

Zabalza, M. (2004). *Diarios de clase. Un instrumento de investigación y desarrollo profesional.* 3° edición (p. 70 – 88)

Recursos didácticos idóneos para favorecer el aprendizaje significativo en el área de matemáticas con alumnos de tercer grado

Apuntes y reflexiones

Mtro. José Francisco Acuña Esquer

EL DESARROLLO DE las competencias profesionales docentes es un imperativo en este tiempo de cambios en el sistema educativo nacional. La apuesta a poseer un bagaje amplio de posibilidades de intervención en la práctica y la toma resuelta de decisiones deberá ser una constante en el profesional de la educación, ya sea novel o experimentado; de igual manera quienes aún se encuentran en las canteras de las Escuelas formadoras de docentes.

Desde esta perspectiva, y tras el análisis que se hace al respecto de esta temática, se puede advertir la incorporación de elementos sustantivos en la práctica profesional como lo son los recursos didácticos. Definitivamente, este aspecto es un elemento que sigue minando la gestión del aula. Mientras el docente se muestre falto de estas herramientas y siga escudándose en el libro de texto y su buena retórica para desarrollar su práctica profesional, continuará privando a sus alumnos de espacios amenos para el aprendizaje y de la reflexión sobre lo que se aprende.

En el informe "Recursos didácticos idóneos para favorecer el aprendizaje significativo en el área de matemáticas con alumnos de tercer grado" se presenta una muestra clara de decisión para aminorar la brecha existente entre la práctica tradicional y los elementos propios del aprendizaje centrado en el alumno. Esto se enmarca en el reconocimiento del dilema en cuestión que permite fijar y tomar un rumbo en específico, mismo que llevará, no solo a la consolidación de una de las unidades de competencias marcadas en el Plan de Estudios, sino a otras más contenidas en este.

En torno a lo expuesto en el párrafo anterior, se reconoce no solamente el despliegue de la unidad de competencia aludida "emplea los recursos y medios didácticos idóneos para la generación de aprendizajes de acuerdo con los niveles de desempeño esperados en el grado escolar"; además se debió trabajar a conciencia y con mucha responsabilidad pedagógica y dominio disciplinar el diseño de las planificaciones didácticas que darían espacio a las sesiones propias para este tipo de recursos.

Es de rescatarse a su vez, las muestras que la docente en formación expone sobre el seguimiento que se le da a las actividades y la serie de productos a considerar para la valoración no solo de la estrategia, en la cual se enmarca su capacidad de enseñanza, sino primordialmente de los alcances de los aprendizajes esperados de los alumnos a su cargo.

El proceso vivido y registrado en la experiencia docente exhibida en este informe da muestra clara de las posibilidades que presenta la elaboración a conciencia de recursos didácticos acordes a las necesidades del alumnado; estas últimas se convierten en insumos para el profesional de la educación ya que, como queda asentado, no solo se requiere de la presencia indiscriminada de material concreto. El éxito de esta experiencia radica en la comprensión del grado al que se atendió, no solamente cumplir con una capacitación en el diseño de material didáctico, sino en el ejercicio reflexivo de la propuesta para poder incidir directa y oportunamente en cada uno de los estudiantes.

A manera de conclusión, se establece que el desarrollo de las competencias promovidas y desarrolladas en los estudiantes a lo largo de los diferentes trayectos formativos de la malla curricular propuesta en el Plan de Estudios 2012 para la Licenciatura en Educación Primaria, han llegado a consolidarse en la formación inicial de la autora, teniendo una amplia gama de conocimientos disciplinares y metodológicos; a su vez, quedan demostrados en la toma de decisiones oportunas y en la recogida de datos de las actividades propuestas a sus alumnos para su evaluación; asimismo en el desarrollo de sus reflexiones al respecto de dichas decisiones y su actuar como responsable de un espacio que no solo le corresponde a ella, sino a todo el grupo que atiende.

El diagnóstico escolar como punto de partida en el diseño de planeaciones didácticas para propiciar conocimientos significativos en alumnas de segundo grado

Yennifer Lizeth Celis Melgoza

Contexto en el que se desarrolla la mejora

Intención

LAS PRESENTES LÍNEAS se trazan en función de las vivencias obtenidas en el grupo de segundo grado, grupo "A", de la Escuela Primaria "Álvaro Obregón", las cuáles, tuvieron el propósito de demostrar a través de tres objetivos específicos, la adquisición de la competencia docente "Diseña planeaciones didácticas, aplicando sus conocimientos pedagógicos y disciplinares para responder a las necesidades del contexto en el marco de los planes y programas de educación básica".

A lo largo de este documento, se podrán apreciar la propuesta de dichas estrategias de trabajo, su desarrollo, resultados y análisis, con la finalidad de despertar en el lector el interés por el trabajo en el aula a través de enfoques educativos orientados por las motivaciones y estilos de aprendizaje de los alumnos, y cómo esto pone en juego, y coadyuva a su vez, el desarrollo de las competencias profesionales del docente, mismas que son necesarias para responder efectivamente a las demandas educativas del México contemporáneo.

Diagnóstico

Durante los primeros periodos de práctica en el grupo de segundo grado "A", en la escuela primaria "Álvaro Obregón", se encontró una dificultad en el control del grupo, los planteamientos que suponían una respuesta a este acontecimiento, tan común en las primarias, dieron paso a la indisciplina y falta de concentración por parte de las niñas.

Después de algunas observaciones cualitativas en el trabajo de las alumnas durante las jornadas educativas, las características más sobresalientes de cada una de ellas se vislumbraron al instante. Siendo 35 alumnas, más del 70% reflejó un deseo insaciable por destacar, queriendo siempre participar sin darle oportunidad a sus pares. Lo anterior provocó un descontrol en la organización y un ambiente de aprendizaje poco benefactor de la promoción de valores.

Sin embargo, si el grupo se encontraba en descontrol, no era culpa de este. Es entonces cuando, reflexionando sobre el tema, se pusieron en la mesa los factores que podrían estar afectando la concentración de las niñas, encabezando la lista el diseño de actividades, pues son estas las que motivan al alumnado y dan pie a la construcción de sus propios conocimientos. Así también, la actitud del maestro tiene mucho que ver en la motivación y empeño que manifiestan estas en clase. Por otra parte, los materiales y la evaluación son herramientas y fuentes de estimulación para ellas, pues determinan el grado de atención e interés que pondrán en las prácticas escolares.

Con el propósito de tomar en cuenta dentro de las planeaciones los intereses, motivaciones y estilos de aprendizaje de cada una de las alumnas, se realizó un test de estilos de aprendizajes y una encuesta sobre los intereses y motivaciones de las niñas, pretendiendo con esto, conocer los diferentes canales de recepción de conocimientos de cada una, así como connotar el agrado o desagrado que tuvieron en relación a las actividades, la actitud de la maestra, los materiales y la evaluación que se implementó en el primer acercamiento hacia ellas.

Con la intención de analizar las percepciones que el grupo tuvo acerca del trabajo realizado, de los materiales utilizados, la dinámica y forma de participación en clases, utilizados por el docente en formación, así como de conocer el estilo de aprendizaje de cada una, se realizó una encuesta que arrojó las opiniones que las niñas tuvieron en relación a los factores de perturbación antes mencionados y un test que reflejó el estilo de aprendizaje al que más se apegaron. La valoración de la encuesta aplicada a las alumnas se describió según 4 categorías: Actividades en clase, materiales utilizados, actitud del docente y evaluación.

En la sección de actividades realizadas en el aula, se cuestionó a las alumnas sobre cinco ítems de interés: el agrado hacia las actividades en las asignaturas en general, la motivación percibida dentro de cada actividad, la novedad y curiosidad producida, el nivel de entendimiento y comprensión de las actividades y la destreza que percibieron al realizar las actividades en el aula.

En la categoría de materiales se interrogó a las alumnas sobre tres temas en especial: el agrado del material utilizado, la motivación y el aprendizaje que estos les produjeron. Para la tercera categoría, actitud, se analizaron las percepciones que se tienen acerca del trabajo y modo de manejar las situaciones dentro de clase.

En la última categoría analizada, referente a la evaluación y el modo de participación dentro del aula, se cuestionaron tres aspectos: la organización percibida dentro de clase, el agrado por la forma de evaluación y el agrado por los espacios de aprendizaje.

Los resultados de esta encuesta reflejaron que un alto porcentaje de alumnas están de acuerdo con las actividades que se les propusieron, con los materiales utilizados en clase, con la actitud mostrada y con la evaluación efectuada. Sin embargo, no se pasarán por alto los indicadores donde las niñas opinaron que no están nada de acuerdo, pues es ahí donde radica el foco de atención que pudiera contener la respuesta del por qué la falta de atención en el grupo.

Estas áreas de oportunidad recaen en las categorías de: actitud del docente en formación, materiales utilizados en clase, complejidad de las actividades, innovación e instrucciones claras en las estrategias de trabajo. Por tales motivos, se tomaron en cuenta para el diseño de las planeaciones a utilizar en la demostración de la competencia profesional.

En relación al test de estilos de aprendizaje, su estructura es en base al modelo VARK (Visual, Aural, Lectura/Escritura, Kinestésico) del profesor Fleming (1992) en Pedraza, M. (s,f), se obtuvo un concentrado de porcentajes, donde el 65.7% del alumnado de segundo grado "A" aprende de manera kinestésica, esto quiere decir que la mayoría del grupo aprende por el sentido del tacto, manipulando o sintiendo objetos, que en este caso son los materiales didácticos de las clases.

En segundo lugar, con el 14.2% quedó el canal auditivo/kinestésico, esto significa que un mediano porcentaje aprende manipulando y escuchando. Este resultado representa un importante punto de atención, pues las actividades tienen que dar pie a la utilización del sentido del oído. Es así como el diseño de las planeaciones ampliará la utilización de materiales que faciliten estos estilos de aprendizaje.

En tercer lugar, con un 11.4% quedó el estilo visual y en último con 8.7% el visual/kinestésico. Aunque representan un porcentaje muy bajo del grupo, se tomarán en cuenta para la implementación de actividades que beneficien a las niñas que cayeron en esta clasificación. Estos resultados son el punto de partida para el diseño de las actividades contenidas en las planeaciones.

Descripción y focalización del dilema

Generación tras generación de estudiantes, han denotado y hecho saber al mentor que se encuentra frente a ellos, en cada aula de la escuela de su época, la necesidad de aprender y aplicar conocimientos, inherente e imprescindible al instinto de vida que tiene cada ser humano por naturaleza. Sin embargo, nulos han sido los esfuerzos de ciertas mentes en proceso de desarrollo trascendental para que sus maestros enseñen lo que ellos, realmente, necesitan aprender.

Razones sobran, cuando se habla del porqué enseñar a los alumnos lo que realmente necesitan aprender. Bien se sabe que todos somos seres únicos e irrepetibles, con características especiales, con competencias en diferentes niveles de desarrollo, pero sobre todo, con perspectivas completamente distintas de lo que queremos ser o hacer en nuestras vidas.

Por lo anterior, cada ser humano necesita estimular sus capacidades y trabajar sus habilidades en relación a la manera de aprender y percibir el mundo. Tal como dice Juan Amos Comenio (S, f), "la educación es el arte de hacer germinar las semillas interiores, que se desarrollan no por incubación, sino cuando se estimulan con oportunas experiencias [...]" (En Martínez, E. S, f: párr. 24). Es así que las personas deberían ser educadas, en correspondencia a lo que traen en su interior y a las formas en que estas lo exteriorizan.

A lo largo de los diferentes periodos de práctica, en los distintos grados escolares, siempre resaltó una característica particular y peculiar en todos ellos, una catadura en afinidad que demandaba al maestro un trabajo extraordinario, diferente a lo que se ha venido implementando en los años pasados.

Es por ello que se comprendió, al fin, que la clave más importante dentro del amplio significado de educación, no está en qué es lo que se va a enseñar, sino en cómo se hará y para qué servirá. Dando como resultado, un plan de trabajo preciso y conciso que mezcla tanto intereses y motivaciones de los alumnos, como los aprendizajes que se esperan obtener con la metodología de trabajo diseñada.

En el caso particular, una de las principales dificultades que se encontró en el grupo de segundo grado "A" de la escuela primaria "Álvaro Obregón", es la falta de concentración de las niñas. Por tal motivo, el ámbito que se eligió para trabajar en el grupo fue "Planeación del aprendizaje", pues es este instrumento en el que recae la organización de las jornadas educativas, propiciando los ambientes de aprendizaje positivo o negativo, y favoreciendo la estimulación de experiencias acordes a los intereses y motivaciones de cada alumna.

Es así como se considera a la competencia "Diseña planeaciones didácticas, aplicando sus conocimientos pedagógicos y disciplinares para responder a las necesidades del contexto en el marco de los planes y programas de educación básica", atendiendo a la unidad específica "Realiza diagnósticos de los intereses, motivaciones y necesidades formativas de los alumnos para organizar las actividades de aprendizaje."

En este apartado, se tiene el propósito general de coadyuvar mediante la exposición y aplicación de dicha competencia profesional a que las alumnas construyan sus propios conocimientos, asentadas en un ambiente de aprendizaje propicio a sus intereses, motivaciones y estilos de aprendizaje; contribuyendo así al desarrollo de habilidades y capacidades propias de cada una.

A partir de lo anteriormente expuesto, se han diseñado los siguientes propósitos específicos: 1) Realizar una encuesta sobre los intereses y motivaciones de las alumnas, basado en el trabajo del docente en formación, para identificar los focos de atención en los que este último presenta áreas de oportunidad según la opinión de las mismas alumnas; 2) Diseñar planeaciones en base a los resultados del test de estilos de aprendizaje y de las encuestas sobre los intereses y motivaciones de las alumnas y 3) Implementar evaluaciones enfocadas a la valoración de los estilos de aprendizaje para una estimación acertada del progreso de cada alumna.

Para la primera acción, se tomó en cuenta los trabajos del profesor Neil Fleming (1992), quien en colaboración con el maestro Collen

Mills de la Universidad de Lincoln, en Pedraza, M. (S, f), desarrollaron el modelo VARK para conocer el estilo de aprendizaje de cada persona. En el caso de la segunda acción, la fundamentación corre a cargo del psicólogo educativo Miguel Monroy Farías quien basa sus trabajos en la importancia de las planificaciones didácticas.

Monroy Farías (S, f: 457), menciona en su documento "La planeación didáctica", que "la planeación es una actividad profesional; un espacio privilegiado para valorar y transformar la actuación docente sobre lo que sucede o podría suceder en el aula". Hace alusión a la relevancia de la evaluación dentro de esta, la cual, es el punto medular de la tercera acción; en donde Marcia Prieto (2008: 125) respalda que "la evaluación escolar sintetiza las significaciones de la escuela sobre el saber escolar, a la vez que establece las pautas que definen y dan sentido a los procesos de enseñanza-aprendizaje".

Descripción de las actividades de las acciones didácticas como alternativa de solución del dilema

Juegos de números

Atendiendo el propósito de "implementar evaluaciones enfocadas a la valoración de cada estilo de aprendizaje, para una estimación más acertada del progreso de cada alumna", se planeó la estrategia de trabajo "Juegos de números", dentro de la asignatura de matemáticas, en el bloque cuatro, con el eje temático sentido numérico y pensamiento algebraico, abordando las lecciones 37 y 38, ¡Basta! Y ¿Cómo se escribe?, respectivamente.

El contenido trata de identificar diferencias entre la numeración oral y la escrita con números de hasta tres cifras. De que se den cuenta de que las reglas orales y las escritas para números con dos o más cifras tienen diferencias, e identifiquen entre varios números la manera de escribir en cifras una cantidad dada oralmente. Se espera que el alumno identifique y utilice formas de resolver sumas rápidamente.

Los materiales que se utilizarán son: un video que mostrará la secuencia de los números del uno al cien, una computadora y un proyector, una tómbola con los números del uno al mil, una tómbola con tarjetas con números y sus nombres, y tarjetas gigantes con números.

Estas herramientas contribuirán al desarrollo de competencias como la resolución de problemas de manera autónoma y el manejo de técnicas eficientes.

Primeramente, las niñas atenderán la explicación sobre la dinámica "hay un ciempiés", con la cual se activarán conocimientos previos sobre los números. Enseguida, se jugará a dicha dinámica, donde formarán equipos de acuerdo al número de patas del ciempiés. Se pretende que la estrategia comience de una manera divertida y energética, para que las alumnas se sientan interesadas y se concentren en jugar aprendiendo. Teniendo esto último una gran relevancia en el tema, ya que "el juego es el mayor grado de desarrollo del niño en esta edad, por ser la manifestación libre y espontánea del interior" (Froebel, F. 2003: párr.99).

Se les proyectará el video "números del uno al cien", para recordar la pronunciación y escritura de esos números. A partir de aquí, comentarán en plenaria la forma correcta de escribir algunos números. Posteriormente, jugarán al "basta numérico", donde una voluntaria sacará de la tómbola un número entre cien y mil, el cual tendrán que escribir en su cuaderno, y al hacerlo correctamente, obtendrán 100 puntos.

A continuación, se realizará otra dinámica para la formación de equipos, donde las niñas sacarán de una tómbola un papel con un número o el nombre del mismo, y buscarán a la compañera que tenga la otra mitad, ya sea el número o el nombre, según corresponda. Se integrarán cinco equipos. También se diseñó un rally, donde una alumna tomará una tarjeta y pronunciará el número en voz alta. Un integrante de cada uno de los cinco equipos correrá hacia donde esté la tarjeta gigante con el número que se les dictó. Siendo así, obtendrá un punto la alumna que llegue primero, y por consecuencia, ganará el equipo que reúna más puntos.

Para cerrar la estrategia, se les dictará en su cuaderno un listado de números, en cifras y con sus respectivos nombres al lado, con el fin de concretizar la información adquirida a lo largo de la clase. Con esto se pretende estimular, en palabras de Einstein (1936) citado por Llanos, A. (2000: 41):

La inclinación de los niños por el juego y el deseo infantil de reconocimiento [...] Si la escuela consigue impulsar con éxito tales enfoques, se verá honrada por la nueva generación y las tareas que asigne a los educandos serán aceptadas como un don especial.

La evaluación será en dos momentos. Primeramente, se registrará en una lista de verificación la participación individual que tenga cada alumna durante todas las actividades implementadas. Posteriormente, se valorará el trabajo con el video, el rally y el dictado, todos mediante listas de cotejo, las cuales estarán enfocadas en valorar los tres canales de recepción más común en las niñas; esto, con el fin de dar realce a los estilos de aprendizaje de cada una de ellas, y así tener una calificación cualitativa, al tomar en cuenta el estilo de aprendizaje, y cuantitativa, porque valorará la realización de la actividad. Asimismo se registrarán las actividades en una lista de verificación.

En este plan de acción, la evaluación es el punto más importante dentro de la secuencia. Aunque se lleva con listas de verificación para obtener un número que refleje el trabajo, el enfoque final es totalmente formativo. La evaluación sumativa va como requisito curricular, pero la evaluación cualitativa es la que tiene más peso en esta situación didáctica, "porque las cosas que se evalúan son más útiles como soportes dinámicos para la reflexión y la acción, más que como productos estáticos con valor por sí mismos" (Darling, L. S, En Díaz, F. 2005: párr. 1).

En la evaluación de las actividades se denota un apego a la valoración de la participación y desempeño del grupo, lo cual hace que sea una evaluación auténtica. Esta última va un paso más allá en el sentido de que destaca la importancia de la aplicación de la habilidad en el contexto de una situación de la vida real (Díaz, F. 2005: párr. 5).

De igual manera, tal como en la primera acción, se aplicará una encuesta sobre los intereses y motivaciones que causó esta estrategia didáctica, sin embargo, en esta ocasión, el enfoque de este instrumento estará dirigido a obtener información referente a la evaluación de las actividades que se llevarán a cabo, pues estas, estarán planeadas en base a los estilos de aprendizaje de cada alumna.

Las estrategias aquí planteadas, están enfocadas en atender los intereses, motivaciones y estilos de aprendizaje de cada alumna, puesto que en esencia, la materia prima de la profesión docente es el alumno, entonces es de este último de donde debemos partir para diseñar nuestras planificaciones, para fortalecer así las habilidades y destrezas que ellos ya traen de nacimiento o que han adquirido en el transcurso de sus vidas a través de las interacciones sociales.

Desarrollo, reflexión y evaluación de la propuesta de mejora

La acción "Juegos de números" atendió el propósito de implementar evaluaciones enfocadas a la valoración de cada estilo de aprendizaje para una estimación más acertada del progreso de cada alumna. La estrategia diseñada tuvo el propósito de que las alumnas se dieran cuenta de que las reglas orales y las reglas escritas para escribir números con cifras tienen diferencias, y esto, por medio de divertidos juegos como "el basta" y "la lotería de números".

Las herramientas que se utilizaron para evaluar las actividades implementadas fueron: una lista de cotejo destinada para "el basta" y "el rally" y una lista de verificación de participaciones individuales. Dichos instrumentos permitieron tomar en cuenta la actitud, la participación y el trabajo de cada niña dependiendo de la actividad que se apegó a su canal preferido de recepción de información.

En este propósito, se diseñó una planeación en la que se destinó una actividad para cada estilo de aprendizaje en específico. Para las niñas visualmente receptivas se agregó un video sobre los números y su escritura a la secuencia didáctica, mismo que sirvió como introducción y atrajo el interés de todas. En el caso de las que son kinestésicas, el rally capturó su atención; y para las niñas auditivas se planteó un dictado de números con el cual se valoró la capacidad de oír una cifra y escribir su equivalente en escritura correctamente. Contribuyendo así a la generación de ambientes de aprendizaje propios de cada sistema de representación.

Es importante destacar el punto anterior, ya que este tipo de espacios reflejan la construcción diaria del saber, la reflexión cotidiana, la singularidad permanente que asegura la diversidad de situaciones didácticas y con ellas, la riqueza de la vida en relación (Ospina, 1999, en Duarte, J. S, f: 5). Fue determinante para las alumnas propiciar un ambiente estimulante a sus intereses y motivaciones.

Siendo así, se obtuvo que el 54.2% del grupo en general se desempeñó y comportó de una manera favorable, alcanzando los 2 puntos de la ponderación que se dio a cada indicador, siendo 5 los rasgos que se evaluaron en las tres listas de cotejo. Es decir, 19 alumnas lograron obtener los 10 puntos de calificación según la actividad preponderante de su estilo de aprendizaje.

El 37.1% logró 8 puntos de calificación, restando algún rasgo en el que no se desempeñaron al 100% de su capacidad. Y por último, el 8.7 consiguió sólo 6 puntos. Cabe destacar, que las 3 niñas que obtuvieron menor puntuación son muy inquietas, y pese al resultado, se reconoce que trabajaron mejor que en otras clases. Lo anterior deja claro que el evaluar de acuerdo al estilo de aprendizaje de cada alumna beneficia a la misma, puesto que el maestro se basa en rasgos propios del canal por el que reciben información.

No obstante, se evaluó la participación individual de cada alumna en todas las actividades, esto con el fin de valorar la capacidad de desarrollo en aspectos que no representaban sus preferencias. La lista de verificación de participaciones puso en la mesa quiénes cooperaron en el seguimiento de la secuencia didáctica de una manera activa, y afortunadamente la mayoría lo hizo.

Además de las listas de cotejo implementadas, también se les aplicó una encuesta para saber qué les parecieron las actividades, los materiales, la actitud de la maestra y la evaluación de esta estrategia de trabajo. Los indicadores fueron los mismos que se usaron en la segunda acción, pero aquí se enfocaron en los medios que se utilizaron para facilitar esta clase.

Tomando en cuenta los resultados de la encuesta, al 78.7% le gustó la serie de actividades llevadas a cabo, el 63.6% cree que fueron nuevas y diferentes y el 72.7% consideran que fueron fáciles de comprender y trabajar. En cuanto a los materiales, al 78.7% les gustaron los materiales utilizados como el video de los números y las tarjetas del rally. El 72.7% opinan que estas herramientas las motivaron a concentrarse en la clase, y el 78.7% afirma que aprendió cosas nuevas a través de ellos.

De la actitud de la maestra al momento de guiar las estrategias, el 78.7% piensa que esta las motivó a realizar las actividades. El 84.8% dice que lo hizo de una manera alegre y entusiasta, y el 87.8% opina que hizo la clase divertida. Estos resultados fueron muy alentadores, pues reflejan que ante todo, la actitud que se les muestre a los niños siempre marcará la pauta para que ellos aprendan o no.

Por último, en base a la evaluación, al 84.8% les gustó la manera en que se les organizó dentro de la clase, trabajo en equipo e individual. Asimismo, el 75.7% les pareció conveniente los cuatro rasgos calificados (participaciones, limpieza, disciplina y puntualidad). Al 72.7% les gustó el espacio en el que se trabajó, el aula.

En esta estrategia también se obtuvieron resultados favorables, puesto que hubo indicadores que subieron mucho en cuanto a unidades, como en el apartado de actitud, donde las niñas opinaron que en esta situación didáctica, las actividades fueron mucho más divertidas que en otras ocasiones, subiendo así 25 unidades respecto al porcentaje evaluativo inicial.

La encuesta refleja resultados positivos de la realización de esta última acción para el cumplimiento del tercer propósito particular, la evaluación en base a los estilos de aprendizaje. Es por ello que, tomando en cuenta la información anterior, queda de manifiesto el desarrollo de la competencia profesional del cual se desprende este documento.

"Planear es un acto de inteligencia cuyo propósito es racionalizar la selección de alternativas para definir con claridad los fines a los que se orienta la acción, y desentrañar los mejores medios para alcanzarla" (Hernández, 2001. En Monroy, F. S, f: 456). En esta ocasión, se demuestra que mediante la metodología de trabajo planeada, y en la cual el juego se utilizó como pieza clave, se pudo alcanzar el aprendizaje esperado "identificar y utilizar formas de resolver sumas rápidamente".

Así también, cabe resaltar que, además de la existencia de esta competencia profesional que se encasilla en todo lo concerniente a la planeación didáctica, se hicieron presentes otras competencias profesionales con las que se complementó el trabajo en el aula, mismas que se circunscriben a ámbitos de la profesión docente como la organización del ambiente en el aula, la evaluación educativa y la promoción del aprendizaje para todos los alumnos.

Conclusiones y recomendaciones

"La planeación es un elemento indispensable para la orientación de todas las acciones vinculadas con la organización escolar" (Rueda, M. 2011: 4). Es por ello que se vuelve una herramienta eficaz y eficiente para optimizar los procesos de enseñanza y aprendizaje de los alumnos, generar diversos ambientes de aprendizaje y contribuir en el desarrollo de las competencias para la vida.

En relación a la esencia de este documento, queda expuesto el propósito principal del mismo, demostrar que se cuenta con una de las habilidades más importantes que debe poseer el docente "diseñar planeaciones didácticas, aplicando los conocimientos pedagógicos y disciplinares para responder a las necesidades del contexto en el marco de los planes y programas de educación básica", así como su aplicación y desarrollo durante el periodo de práctica profesional en el grupo de segundo grado, de la Escuela Primaria "Álvaro Obregón".

Tomando en cuenta los resultados de la encuesta sobre los intereses y motivaciones de las alumnas, implementada después de la realización de las estrategias de trabajo, y comparándolos con los obtenidos en la aplicación de la misma encuesta, en los primeros acercamientos con el grupo, se puede dilucidar que los efectos fueron satisfactorios.

Los porcentajes reflejan un progreso sustancial en la mayoría de los rasgos a evaluar dentro de la encuesta. Sin duda alguna, estos datos representan el esfuerzo y empeño que se asentó en la planeación de las dos secuencias didácticas, las cuales estuvieron encaminadas a atender los intereses, motivaciones y estilos de aprendizaje de las alumnas, creando ambientes de aprendizaje en el que se pusieron en juego elementos sustanciales de cada sistema de representación de información.

De una evaluación cualitativa al grupo, mediante la observación y percepción de actitudes y comportamientos, es reconfortante escribir que las niñas con peor disciplina, baja concentración y escasa capacidad de socialización, avanzaron grandes peldaños en la superación de esas barreras de aprendizaje, logrando aumentar sus calificaciones en los últimos bimestres, hablando de lo cuantitativo, y afianzando valores de respeto en las participaciones de las compañeras, respeto ante las pertenencias de las demás, puntualidad, asistencia y más iniciativa hacia el estudio, en relación con lo cualitativo. Esto fue posible, gracias a la aplicación de diagnósticos educativos y al uso de la información obtenida de ellos.

La elaboración de proyectos, la realización de adecuaciones curriculares, el diseño de estrategias basadas en las tecnologías de la información de acuerdo con el nivel escolar de las alumnas de segundo grado, la inclusión de situaciones didácticas significativas y, por supuesto, la aplicación de diagnósticos educativos y utilización de la información obtenida, se pusieron de manifiesto en las tres acciones propuestas y llevadas a cabo en este documento. Cada uno de estos elementos se complementa entre sí, y fulguran en conjunto, la capacidad de crear planeaciones didácticas integrales, eficaces y eficientes en cualquier contexto del plano educativo.

A lo largo de la realización de las propuestas didácticas en las que se basan estas líneas queda asentado que con la salida del sol de cada mañana, se conjeturan nuevos retos y desafíos. Las situaciones que se crearon no fueron perfectas, pero sí atendieron a los propósitos profesionales y generales para los que fueron pensados, y respondieron a los imprevistos que en las mismas se presentaron, arrojando resultados prometedores y estimulantes para cualquier docente.

Se concluye así con una mirada hacia el futuro, en atención a las áreas de oportunidad detectadas, y en el mejoramiento de las fortalezas aquí expuestas; sin dejar de lado que, así como el tiempo pasa y las sociedades evolucionan, las demandas educativas tendrán nuevas caras, nuevas voces y nuevos sujetos de estudio, por lo que se requerirá una capacitación actualizada y permanente en los nuevos elementos de la planeación didáctica que, seguramente, irán surgiendo con el devenir de los años. Tal como lo dice el gran generador de paz social "he descubierto que tras subir una montaña, sólo encontramos más cumbres que escalar" (Mandela, N. 1994. En Informe de Seguimiento de la Educación para Todos en el Mundo. 2010).

Referencias

Amós Comenio, J. (1998). *Comenius. Padre de la pedagogía. Iniciador de las ilustraciones en los libros y de la utilización del teatro en las aulas. Por una escuela práctica y sin malos tratos.* Figuras de la pedagogía. Recuperado de: http://www.uhu.es/cine.educacion/figuraspedagogia/0%20figuras_pedagogia.htm

Díaz Barriga, F. (2005). *Enseñanza situada: vínculo entre la escuela y la vida.* Recuperado de: https://liceo53.files.wordpress.com/2013/07/la_evaluacion_autentica_centrada_en_el_desempenodc3adazbarriga.pdf

Duarte Duarte, J. (s, f). *Ambientes de aprendizaje. Una aproximación conceptual.* Revista Iberoamericana de Educación. Artículo electrónico recuperado de: http://www.rieoei.org/deloslectores/524Duarte.PDF

Froebel, F. (2003). *La educación del hombre.* Recuperado de:

Informe de Seguimiento de la Educación para Todos en el Mundo (2010). *Llegar a los marginados.* Recuperado de: http://www.unesco.org/new/fileadmin/ MULTIMEDIA/HQ/ED/GMR/pdf/gmr2010/gmr2010-ch3-es.pdf

Llanos, A. (2000). *Mis creencias.* Recuperado de: http://www.sld.cu/galerias/ pdf/sitios/bmn/mis_creencias.pdf

Mandela, N. 1994. En Informe de Seguimiento de la Educación para Todos en el Mundo. 2010

Monroy Farías, M. (S, f). *La planeación didáctica.* Recuperado de:

Pedraza, M. (S, f). *Los estilos de aprendizaje VARK.* Recuperado de:

Rueda Beltrán, M. (2011). *La investigación sobre la planeación educativa.* México: Instituto de Investigaciones sobre la Universidad y la Educación. Recuperado de: http://www.redalyc.org/pdf/132/13218531001.pdf

Secretaría de Educación Pública (SEP) 2012. *Libro de texto gratuito, Matemáticas segundo grado.* México: SEP

El diagnóstico escolar como punto de partida en el diseño de planeaciones didácticas para propiciar conocimientos significativos en alumnas de segundo grado

Apuntes y reflexiones

Mtro. Emigdio Germán Martínez Vázquez

LA PROFESIÓN DOCENTE es sin duda motor de cambio dentro de cualquier civilización, pues a diferencia de muchas otras ramas laborales, esta debe realizar los ajustes y adecuaciones o de ser necesario reformas que propicien en verdad cambios significativos dentro de las estructuras sociales, contemplando aspectos laborares, políticos, económicos y étnicos, para de esta forma estar vigente y cumplir con el propósito por el que fue creada.

En este caso en específico, al trabajar con futuros docentes, y tomando en cuenta las grandes pretensiones que la sociedad tiene para esta profesión, es indudable que se debe de establecer cierto nivel de exigencia en su preparación para que se permita reflejar el dominio de determinado número de competencias profesionales en ellos, qué mejor espacio para demostrar esto que la práctica educativa en el campo laboral, es decir en la escuela primaria.

El trabajo presentado por Yennyfer refleja el dominio de las competencias que el perfil de egresos de la licenciatura en educación primaria plantea y pretende desarrollar en los que la cursan con la finalidad de generar profesionales de la educación, ¿por qué se llega a esta conclusión? Por el seguimiento que se le dio durante la última etapa de su formación en la escuela primaria en la práctica docente y por la forma en que logra enlazar la práctica con la teoría y lo que es más importante; la forma en que vincula y ejerce las diferentes competencias profesionales al momento de planificar, desarrollar frente a un grupo de educación primaria y posteriormente reflexionar sobre su ejercicio profesional.

Distintos teóricos de la profesión docente coinciden en que el proceso de formación docente siempre será inacabado, pues se requiere de actualización constante y adaptación a los momentos y lugares en que se trabaja, en este caso en específico la parte formal, legal y curricular se puede considerar que se alcanzó en gran medida pues la docente demuestra gran dominio de la práctica reflexiva, necesaria para generar en sus alumnos competencias para la vida, ya que ella ha manifestado dominar las competencias profesionales de un docente que se preparó a través del plan de estudios 2012.

Evaluar para aprender: un proceso de seguimiento en la educación preescolar

Krystel Melissa Gómez Álvarez

Contexto en el que se realiza la mejora

Intención

" **E**VALUAR PARA APRENDER: un proceso de seguimiento en la educación preescolar" es el título que lleva este informe, surge debido a un área de oportunidad detectada al estar frente al grupo, al desconocer cómo evaluar el proceso de aprendizaje de los niños y reorientar mí práctica mediante la utilización de esta. Al buscar la competencia en el perfil de egreso se ubica en el área profesional, la cual mediante este informe potencialicé y la hice mi fortaleza, hago mención de ella; "Emplea la evaluación para intervenir en los diferentes ámbitos y momentos de la tarea educativa".

De los temas que reviste una gran importancia en el ámbito educativo es la evaluación, entendida como el proceso a través del cual tenemos una referencia de los aprendizajes logrados por los alumnos, sus procesos, avances, debilidades y fortalezas, etc. Todo proceso evaluativo sirve para conocer el nivel de logro de los alumnos con referencia a los propósitos educativos de los programas, de la misma manera la evaluación es una herramienta que al docente le permite valorar los procesos de la escuela, docentes, padres, etc. integrándola con un enfoque más global que les permita tener una mejor calidad educativa.

Diagnóstico

El ser educadora es una de las decisiones más acertadas que he tomado en la vida, la cual me ha brindado un sinfín de satisfacciones, alegrías, retos y experiencias que me han permitido crecer, tanto en el ámbito personal como laboral, que al término de estos cuatro años he desarrollado competencias genéricas que todo individuo de nivel superior debe poseer y otras profesionales que marcan una formación integral de conocimientos, habilidades, actitudes para ejercer la profesión docente, si bien, es imposible desarrollar todas las competencias a la par, por las que unas se encuentran en proceso todavía de formación a las cuales daré prioridad.

Realizando una valoración dentro de mi desempeño en el aula mediante la reflexión en el diario de trabajo, en la jornada diaria, pude percatarme que existe un área de oportunidad la cual deseo mejorar, con la finalidad de enriquecer mis competencias genéricas y profesionales y lograr un mejor trabajo y un perfil de egreso apto para poder brindar una educación de calidad. La debilidad gira en torno a una competencia profesional ubicada en el perfil de egreso la cual específicamente es: "Emplea la evaluación para intervenir en los diferentes ámbitos y momentos de la tarea educativa".

Para poder identificar el área de oportunidad fue todo un proceso en el cual me di a la tarea de examinar todas las competencias genéricas y profesionales del perfil de egreso, las cuales estaban plasmadas en un diagnóstico brindado por mi tutora, cada competencia contenía sus unidades correspondientes con respuestas como siempre, algunas veces, regularmente y nunca. Fueron dos las competencias que arrojó el instrumento implementado donde las respuestas indicaban que existía un nivel bajo de ejecución, las respuestas variaban entre regularmente, o nunca, por lo que me puse en alerta.

Las dos competencias en las que se presenta bajo índice de realización son: "Emplea las tecnologías de la información y la comunicación", y "Emplea la evaluación para intervenir en los diferentes ámbitos de la tarea educativa"; para poder seleccionar alguna, tuve que reflexionar sobre mi trabajo en el aula, analicé cada una de las unidades nuevamente y con base en mis intereses, mis inquietudes pude seleccionar la que me abriría las puertas para acrecentar mi trabajo que es: mejorar en la evaluación para tener una mejor intervención en todos los procesos de la educación.

Después de esto, al pasar varios días, al llegar al salón de clases me di a la tarea de platicar con mi asesora sobre las debilidades que veía en mí, en sí me dijo que ella veía más fortalezas que debilidades en mi práctica, sin embargo, si tenía que decir un área de oportunidad, ella observaba que se me complicaban los cierres de las actividades, por consiguiente la evaluación de los niños, o el rescate de los aprendizajes que habían adquirido en cada una. Finalmente apliqué el mismo instrumento de evaluación, pero este a excepción del otro, solo contenía las competencias profesionales.

Los resultados de los dos instrumentos fueron similares, inspeccioné cada una de las competencias y las unidades, en ambas la debilidad estaba focalizada en la competencia de evaluación; de las cinco unidades las respuestas estuvieron ubicadas en la opción de algunas veces y regularmente; por ello, en este informe daré prioridad a favorecer la competencia profesional de: emplea la evaluación para intervenir en los diferentes ámbitos y momentos de la tarea educativa.

Fierro (1999, p. 34) maneja que esta problemática está inmersa en la dimensión didáctica, ya que hace alusión al papel del maestro como agente facilitador, guía, orientador en el proceso de enseñanza, si bien es importante hacer una valoración sobre los tipos de evaluación que se implementan para el logro en el desarrollo de competencias, la autoevaluación brinda el autoconocimiento, es por esto que es tan importante y permite tomar directrices del trabajo docente.

Si bien la competencia seleccionada gira en base a distintas unidades, una de ellas es el seguimiento del nivel de avance de cada uno de los estudiantes, del cual siendo sincera no tengo un control del nivel de cada uno de mis alumnos, realizo la evaluación día a día en mi diario de trabajo, sin embargo desconozco el progreso que tiene cada infante en las competencias que marca el Programa de Estudio 2011 guía para la educadora, (PE2011) o bien, de las dificultades que presentan algunos de ellos al momento de aprender, por ende, los resultados no están siendo aprovechados para mejorar sus procesos de aprendizaje.

Cabe decir que el PE 2011 (pág. 181) menciona que la evaluación en el preescolar es fundamentalmente de carácter cualitativo centrado en identificar logros y dificultades que tienen los niños en sus procesos de aprendizaje, es claro que en este nivel no se utiliza un número para determinar el avance, sino una descripción holística, esto es, que intenta analizar exhaustivamente con detalle lo que el niño en términos de saber ser, saber hacer, saber convivir, haciendo una valoración de las cualidades, características que cada uno posee, siendo muy objetiva, analítica y reflexiva, hace aún más difícil para mí determinar con claridad si el niño adquirió o no los aprendizajes esperados de toda una competencia.

Para dar continuidad con el análisis de mi debilidad carezco del conocimiento de los estándares de cada uno de los campos formativos que contiene el programa, originando el desconocimiento del desempeño que cada niño debe poseer al término de la educación preescolar, por lo que en ocasiones se me dificulta seleccionar las competencias con las cuales debo trabajar en cada situación didáctica, ocasionando que estas no lleven una secuencia lógica de lo que los educandos están aprendiendo, sé que las competencias no se desarrollan totalmente, sino que están en un proceso durante toda la vida, pero sí me gustaría saber cómo desarrollar todos los aprendizajes en los niños.

Referente a mi labor en las actividades en el aula presento dificultad al realizar los cierres de cada una de las actividades, considero que esto es ocasionado porque no todos terminan al mismo tiempo una consigna y mientras unos trabajan, otros ya tienen otra tarea por realizar, o bien, se encuentran en algún sitio del salón. Las estrategias que implemento para finalizar no cumplen con la función de evaluar, que se escuchen entre ellos, siendo sincera he desistido en muchas ocasiones a realizar cada cierre por lo antes mencionado y por la falta de organización del tiempo.

Para ilustrar lo antes dicho mediante una charla la maestra asesora me hizo la observación que notaba que cambiaba de actividad sin antes haber rescatado los aprendizajes mediante los distintos tipos de evaluación hetero, auto, coevaluación, teniendo la impresión que solo hacía las actividades por hacerlas, para poder decir que había cumplido con la cantidad establecida y no con un propósito, sugirió que provocara en los niños el impacto de autovaloración de sus trabajos y el de los compañeros, lo que me ha servido de mucho para mejorar y darme cuenta de mi falta y así poder mejorar.

Es conveniente rescatar que el PE 2011 (p.185) marca que al concluir el desarrollo de cada periodo planificado, se reflexione en torno a la aproximación de los alumnos a los aprendizajes esperados, a partir de las manifestaciones observadas y de ahí tomar las decisiones permanentes para orientar la planificación. Esta sería una muy buena estrategia a implementar, auxiliándonos de distintos instrumentos de registro de la información, como portafolio de los niños, lista de cotejo, diario de trabajo, diario rotativo entre otros.

Al momento de reflexionar sobre mi intervención en el aula, me es muy difícil detectar en lo que fallo, haciendo alusión a los dilemas planteados, en instantes creí que no tenía problemas en mi práctica pero en realidad es que no estaba siendo reflexiva, analítica de mi quehacer como docente, al pensar mucho en esto pude percatarme que sí hay mucho de mí qué mejorar y que conforme ponga en práctica mis saberes iré potencializando todo aquello que hoy no domino.

Por otra parte, mi grupo es numeroso y diversificado, todos los infantes con capacidades diferentes, con aptitudes sobresalientes, con barreras de aprendizaje los cuales se están viendo afectados al no tener un total dominio de mi competencia profesional, a partir de esto pretendo hacer de la evaluación una herramienta fundamental para mostrar los avances significativos que obtengan en sus competencias.

Descripción y focalización del dilema

Es importante resaltar que mediante mi práctica, detecté algunos dilemas en cuanto a mi quehacer como futura docente, vi la necesidad de retomar la evaluación como un proceso para el logro de los aprendizajes esperados en cada situación didáctica implementada la cual me permite detectar los logros y dificultades que enfrentan los niños en los procesos de enseñanza-aprendizaje y así poder retomar esas áreas de oportunidad para mejorar en sus habilidades, conocimientos, actitudes, mediante la implementación de nuevas estrategias, o bien darme cuenta de todo aquello de lo que el niño se apropió y hacer una valoración; todo lo antes dicho permite tomar directrices en base a mi trabajo.

Las unidades de la competencia profesional las cuales reforcé con la implementación de estrategias y sus diferentes acciones son: Utiliza la evaluación diagnóstica, formativa y sumativa, de carácter cuantitativo y cualitativo, con base en teorías de evaluación para el aprendizaje; realiza el seguimiento del nivel de avance de sus alumnos y usa sus resultados para mejorar los aprendizajes, establece niveles de desempeño para evaluar el desarrollo de competencias, Interpreta los resultados de las evaluaciones para realizar ajustes curriculares y estrategias de aprendizaje.

De los propósitos que planteo en la implementación de este informe se derivan una serie de acciones, cada una con sus respectivas estrategias, todas ellas encaminadas a fortalecer la competencia profesional donde presento debilidad.

Los objetivos son 1) Obtener herramientas conceptuales de la evaluación para identificar y registrar la información, 2) Recopilar información mediante la búsqueda de bibliografía en diversas fuentes, con la finalidad de recabar una gama de información conceptual de evaluación y sus elementos, 3) implementar instrumentos de registro de información para realizar una evaluación formativa, mediante el diseño de instrumentos que permitan dar cuenta de los aprendizajes obtenidos en los alumnos, así como también de las dificultades en la adquisición de las competencias y aprendizajes esperados, 4) Obtener mediante la observación y el registro en listas, el avance progresivo de las competencias y aprendizajes esperados de los seis campos formativos.

Las competencias profesionales expresan desempeños que deben demostrar los futuros docentes de educación básica, tienen un carácter específico y se forman al integrar conocimientos, habilidades, actitudes y valores necesarios para ejercer la profesión docente y desarrollar prácticas en escenarios reales. Si bien mi debilidad se encuentra en el ámbito de formación 3. "Evaluación educativa", competencia profesional: "emplea la evaluación para intervenir en los diferentes ámbitos y momentos de la tarea educativa". Se localiza también dentro del principio 1.7 "Evaluar para Aprender", inmerso en los 12 principios pedagógicos que establece el Plan de Estudio 2011 Educación Básica.

Descripción de las actividades de las acciones didácticas como alternativa de solución del dilema

Acción: "Instrumentos de registro de información para una evaluación formativa"

Propósito general: Diseñar instrumentos que permitan dar seguimiento de los aprendizajes y dificultades de los alumnos en la adquisición de las competencias y aprendizajes esperados.

Estrategia 1 Portafolio: ordenación de evidencias que ilustran esfuerzos progresos y logros.

Propósito específico: recolectar evidencias de las actividades realizadas, mediante fotos, videos, trabajos impresos, con la finalidad de ver la evolución de los aprendizajes del niño en las situaciones de aprendizaje implementadas.

Se hará una recolección de fotos, videos, trabajos de los niños, donde se rescaten los aprendizajes planteados en las situaciones de aprendizajes, proyectos realizados, siendo esta una opción para demostrar lo adquirido en los alumnos, ilustrando el proceso.

El material que contendrá este portafolio será en hojas impresas en las que los niños trabajen; no todos los trabajos serán seleccionados por ellos, también participaré en la clasificación con el propósito que sean insumos para la evaluación de los aprendizajes. Las fotografías son una herramienta útil, práctica, llamativa para capturar el producto de lo aprendido por los niños, se iniciará con estas a partir del mes enero hasta marzo. Los videos mostrarán el desempeño real de los niños en exposiciones, en diversas actividades dentro y fuera del salón.

Estrategia 2. Las Listas de cotejo: generadoras de una observación estructurada.

Propósito específico: obtener mediante la observación y el registro en listas de verificación el avance progresivo de las competencias y aprendizajes esperados de los seis campos formativos, o en su defecto, lo que ha dejado de aprender.

Primeramente retomaré la información obtenida del Programa de Estudio 2011 Guía para la Educadora en cuanto a las listas de cotejo y cómo llevarla a cabo. Si bien es un registro de información mediante la observación de los niños durante la realización de actividades, en espacios como el recreo, aula, se registrará de manera sencilla y clara el seguimiento del avance progresivo de los aprendizajes esperados, actitudes, siendo un recurso útil para anotar la evaluación intermedia y final de los aprendizajes.

El instrumento seleccionado para evaluar los aprendizajes en los niños es una hoja individual donde se colocará el nombre de ellos y mes de evaluación. Será constituido por cuadros pequeños cada uno con los aspectos de las 6 competencias que en total son 14. Será una cuadrícula, cada una enumera las competencias que tiene cada aspecto de manera vertical y de forma horizontal los aprendizajes esperados, para poder llenarlo será necesario hacer un concentrado de todas las competencias y aprendizajes.

Una vez arrojados los aprendizajes se hará una gráfica de barras con los aprendizajes logrados, procesamiento de resultados de evaluación y por adquirir para así poder tomar directrices al momento de crear situaciones de aprendizaje.

Estrategia 3. El diario rotativo: notas breves que plasman lo aprendido

Propósito específico: Determinar mediante lo relatado por el niño los aprendizajes y experiencias significativas.

El Diario rotativo será un cuaderno pequeño, decorado, forrado con hule contac, titulado "diario rotativo", dentro de una mochila en forma de jirafa, misma que contendrá instrucciones para los papás como: escribir el nombre del niño, fecha, ¿Qué aprendí hoy? ¿Qué fue lo que más me gustó? ¿Con qué trabajamos? Será ilustrado por el niño, acompañado de su nombre; cabe aclarar que no será una narración de lo que se hace en casa y que su participación es muy importante.

Esta actividad se realizará a partir del mes de enero, los niños rescatarán los aprendizajes y servirá para evaluar cada uno de sus dibujos y los escritos realizados por los papás, hermanos y quienes participen en esta tarea.

Estrategia 4: Diario de trabajo

Propósito específico: Efectuar diariamente evaluaciones de las actividades implementadas en las situaciones de aprendizaje.

El diario de trabajo será un cuaderno empastado, con aproximadamente 200 hojas debido a la gran utilización que este tendrá lo forraré con hule contac para una mayor duración y cuidado. Anotaré las instrucciones para elaborarlo en una hoja impresa para recordar los elementos que este debe de contener, enfocándome en la evaluación de los aprendizajes.

Se registrará en este las evaluaciones pertinentes a cada una de las actividades implementadas en la jornada, para ello se tomará a tres niños diferentes en cada actividad, por lo general se manejan de dos a tres diarias, mediante la observación, cuestionamiento, rescataré sus interés, motivaciones, logros, dificultades en la realización de alguna acción.

Descripción de las actividades de las acciones didácticas como alternativa de solución del dilema

Estrategia 1 Portafolio: ordenación de evidencias que ilustran esfuerzos progresos y logros.

La realización del portafolio de evidencias estuvo sujeto a muchas acciones que cada día me iban acercando más a tener un producto final. Para dar inicio con esta acción investigué en el PE 2011 [SEP] guía para la educadora (p.187) que el portafolio es una opción más para el ordenamiento de evidencias que den cuenta de los aprendizajes de los alumnos, siendo una opción para integrar una colección de sus trabajos o producciones que ilustran sus esfuerzos, progresos y logros. En él pueden estar dibujos, pinturas u otras obras de arte de los niños, fotografías, o videos que evidencien el desempeño en el desarrollo de situaciones de aprendizaje.

A partir del día 6 de enero al 17 de abril en cada una de las actividades planteadas en las situaciones de aprendizajes trabajadas, me di a la tarea de captar los momentos mediante fotografías mientras ellos trabajaban, ya sea en equipos, o individualmente, así como a sus creaciones que evidenciaban el logro de aprendizajes, a los trabajos hechos con diversos materiales como masa de sal, palitos, pintura, y aquellos que sobrepasan el perímetro de una hoja blanca tamaño carta.

Lo antes descrito me llevó a recopilar alrededor de 700 fotografías evidentemente todas ellas no podían ser impresas y colocadas en el portafolio, me dediqué a crear collages con las fotos de los niños organizándolas según la situación abordada dando como resultado 170 fotografías de los 25 niños.

Dentro de las otras necesidades que había que satisfacer era la adquisición de una carpeta para ordenar los trabajos, se creó el "Portafolio de evidencia". Después mediante la realización de actividades en las situaciones trabajadas de enero a abril recopilé los trabajos con ayuda de los niños, para ilustrarlo retomo el caso de la alumna cinco años seis meses de edad, que al estar trabajando con la situación de aprendizaje "Conozco mi cuerpo" donde se le dio la consigna de dibujar las partes internas del cuerpo en una silueta impresa, en una hoja logró ubicar cada uno de ellos de una manera sencilla, como el corazón, el cerebro, pulmones, las venas, por lo que consideré conveniente colocarlo en el portafolio para que su "mamá lo conociera".

El proceso de elaboración siguió y ahora con la preparación de los aprendizajes y competencias en mi ordenador a manera de tablas en el programa Word, decidí que cada foto podría tener un pie de página, un cuadrado donde explicara el aprendizaje o competencia lograda, por lo que acudí a mi carpeta académica donde se encuentran mis planeaciones de esta última jornada, recolecté cada uno de los aprendizajes y fui organizándolos en las tablas elaboradas en el programa antes dicho, una vez listas en hojas de colores las imprimí, las recorté, y las pegué en las fotos de los niños.

Para finalizar la estructuración de portafolio analicé cada uno de los videos capturados en celular y los pasé a mi computadora para hacer una unión de todos ellos logré armar uno solo. La elaboración de este instrumento fue muy exitoso, esta forma de organizarlo fue muy práctico, puesto que no estaba lleno de trabajos impresos, que muchas veces realzan el volumen e impiden su fácil movilización, en sí es muy concreto, útil, sencillo y se puede trasladar a cualquier lugar por su tamaño, es interesante pues muestra las fotos de cada momento.

Estrategia 2. Las Listas de cotejo: generadoras de una observación estructurada.

La implementación de listas de cotejo involucró remitirme a lo antes investigado en las diversas fuentes en la estrategia uno; para hacer mención el PE 2011 enuncia que las listas de cotejo son una opción útil para registrar de forma sencilla y clara el seguimiento en el avance progresivo de los aprendizajes; recurso útil para una evaluación continua/formativa y al final de un periodo establecido. Es de aplicación clara y sencilla, y con información concreta, ya que con un número o una palabra explica lo que ha aprendido o dejado de aprender un alumno en relación con los aprendizajes (p. 187).

Para dar apertura a esta estrategia me dediqué a indagar ejemplos de listas de cotejo que pudieran servirme para evaluar las competencias desarrolladas en los niños. Opté por elegir una, la cual consistía en hoja individual donde se colocaba el nombre del niño, mes de evaluación, estaba constituido por cuadros pequeños cada uno con los aspectos de las seis competencias, la cuadrícula antes mencionada estaba enumerada, cada aprendizaje de las competencias de manera vertical y forma horizontal. Aquí tuve que realizar un concentrado con todas las competencias y sus respectivos aprendizajes, dando como resultado muchas hojas que no eran prácticas.

La lista de cotejo seleccionada no era lo que yo buscaba, decidí que la mejor manera para implementar un instrumento de este tipo era diseñarla yo misma, es así como podría rescatar los aprendizajes favorecidos en las situaciones de aprendizajes implementadas de enero hasta un mes antes de culminar mi jornada de prácticas que sería el mes de abril. Una vez planteado esto, acudí a la carpeta académica donde se encontraban mis planeaciones, me centré en la descripción general de cada una de ellas, rescaté los aprendizajes y las anoté todas en un cuaderno.

Por su parte la lista fue diseñada a computadora, los elementos que consideré para realizarla aparte de los aprendizajes esperados y las competencias, fueron datos generales: nombre del alumno, grado, grupo, fecha de aplicación, objetivo del instrumento e instrucciones. En una tabla de cuatro columnas coloqué diferentes puntos como el número, aspectos a evaluar, entre otros; aquí concentré los aprendizajes y el nombre de las competencias, en otro cuadro coloqué sí cumple, cuando se haya logrado y en otro observaciones, en caso de lo contrario poder hacer anotaciones de la situación actual del niño, siendo breves, pero muy precisas.

Me fue muy útil el haber creado este instrumento como registro de evaluación, puesto que tomé solo esos aprendizajes que se estuvieron trabajando a lo largo de un periodo, pude ajustar a mi gusto la columna de observaciones que me permitieron dar con palabras precisas y cortas que a lo mejor estaba en proceso, que hacía falta reforzar, requería apoyo o algo que fuese necesario. Reforcé mi conocimiento sobre la elaboración de ellas y considero que llegué a tener un aprendizaje significativo al aplicarlas a una situación de mi vida laboral.

Estrategia 3. El diario rotativo: notas breves que plasman lo aprendido

La implementación de esta acción fue realizada del 16 de enero hasta el 29 de abril, el diario tuvo un gran impacto desde el primer día que fue llevado al salón de clases debido al decorado que este tenía, el cual fue previamente elaborado en casa para detallar los elementos que este contenía en su exterior, su portada de color rosa, con un corazón rojo, con fotos de la cara de cada uno de los niños y la contraportada realizada de color azul con los mismos elementos mencionados, al ser visto por los niños, les emocionó mucho y todos querían verlo y llevarlo a su casa para compartirlo con sus papás.

Inicié con la implementación de esta actividad dando a conocer el diario y qué es lo que harían en él, estuvieron atentos a las instrucciones ¿Cómo podemos llevarnos el diario maestra? Indagó el "Alumno B" es ahí cuando mencioné que se lo llevaría aquel que dijera a sus compañeros lo que habíamos hecho en el día, lo que había aprendido así como también hice hincapié en que no todos se lo podían llevar un mismo día y que quien se lo ganara lo tenía que devolver al día siguiente, al momento de decirles lo que escribirían se perdió la atención por completo por lo que lo estuve reforzando todos los días durante varias semanas.

Para dar continuidad a esto ese mismo día informé a los papás en la hora de salida, la dinámica del diario rotativo, mostrándoselos, y dándoles instrucciones las cuales fueron muy claras, debían de tener una charla con el niño donde le preguntarían ¿Qué hiciste hoy en la escuela? ¿Qué aprendiste? ¿Qué fue lo que más te gustó? ¿Con qué trabajaron? Posteriormente escribirían en el cuaderno la fecha, el nombre del niño y lo relatado por el niño evitando hacer una narración de lo realizado en casa, una vez hecho esto los infantes plasmarían mediante un dibujo lo aprendido y escribirían su nombre.

Mediante la implementación de la situación de aprendizaje: ¿De qué está hecho el mundo que me rodea? se abordó el tema de "Los planetas" donde se favorecieron los campos de exploración y conocimiento del mundo, lenguaje y comunicación, pensamiento matemático. El día 26 de enero año 2015 el alumno "C" Obtuvo llevarse el diario pues al preguntar ¿Qué trabajamos hoy? ¿Qué aprendimos? Él respondió que habían conocido los planetas y los habían dibujado en una hoja blanca; al día siguiente se observó su registro: que los planetas estuvieron colgados, que realizaron dibujos, los colorearon, escribieron los nombres de cada uno de ellos etc. y su respectivo dibujo (se pudo ilustrar lo que el niño había adquirido y desarrollado esa mañana de trabajo).

Para continuar ilustrando la importancia y lo exitosa que fue la ejecución de esta estrategia, aludiré al caso de la Alumna "M" de 5 años y 5 meses de edad al estar trabajando la situación de aprendizaje "Conozco mi cuerpo" donde se favorecieron los campos formativos: Desarrollo físico y salud, Desarrollo personal y social, Exploración y conocimiento del mundo, específicamente en la actividad "Los huesos de mi cuerpo" mencionó en el diario que conoció el esqueleto, el cráneo que protege al cerebro, y que en el brazo tenemos un hueso que se llama radio, posteriormente su nombre y se dibujó con sus amigas.

En un inicio me resultó imposible darme cuenta de los avances de cada uno de los infantes, o bien las dificultades que ellos tenían; sin embargo, el diario fue muy eficaz y oportuno, pues al pasar los días mediante las producciones de los niños me daba cuenta si había quedado algo en ellos o si solamente fue la acción de "dibujar, colorear, recortar salir al recreo", en ocasiones así era y es ahí donde me daba cuenta de la dificultad que pudo tener ese alumno y otros cuantos, pero también pude percibir de lo que ellos aprendieron, lo que reforzaron pudiendo significar un aprendizaje para toda la vida.

Para finalizar la descripción de esta acción son innumerables las experiencias plasmadas en cada una de las hojas de ese pequeño cuaderno donde cada niño se encargó de darle su toque especial con esos dibujos, esos garabatos que algunos hacen de su nombre, con la narración hecha por sus padres con su gran aportación y con el aprendizaje adquirido que hace cada página especial. Al hojear el cuaderno siento una grata satisfacción, me permite reflexionar, mejorar, y aprender de esta experiencia para potencializar el uso del diario rotativo.

Estrategia 4: Diario de trabajo

El diario de trabajo o de clase como lo maneja Zabalza (s.f) "Es el documento en los que los profesores recogen sus impresiones sobre lo que va sucediendo en sus clases". (p. 8). En él impactan diferentes ámbitos; el acceso personal de los docentes, explicita los propios dilemas, desarrollo profesional permanente, evaluación y ajuste de procesos didácticos.

La implementación del diario como instrumento de reflexión, evaluación fue a partir de que inició mi jornada de prácticas, sin embargo consideré importante retomar el diario como una acción más para valorar los aprendizajes de los niños y las dificultades que estos presentaban. Fueron 14 situaciones abordadas en 16 semanas de prácticas de las cuales plasmé los intereses, motivaciones, logros, dificultades de los niños dentro de este cuaderno el cual llamé "Diario de trabajo".

La realización la considero de vital importancia, sin embargo fue algo cansado evaluar a nueve niños por día, ya que la mayoría de las veces realizaba tres actividades diarias, a pesar de que era muy fructífero recordar todo lo que los niños habían hecho durante la realización de las actividades.

Para el registro de información "Se debe reflexionar sobre ella en torno a aspectos como: a) la actividad planteada, su organización y desarrollo; b) sucesos sorprendentes o preocupantes; c) reacciones y opiniones de los niños respecto a las actividades realizadas y de su propio aprendizaje" (SEP, 2012); es decir, si las formas de trabajo utilizadas hicieron que los niños se interesaran en las actividades, que se involucraran todos en una valoración general de la jornada de trabajo que incluya una breve nota de autoevaluación: ¿Cómo calificaría esta jornada?, ¿Cómo lo hice?, ¿Me faltó hacer algo que no debo olvidar?, ¿De qué otra manera podría intervenir?, y ¿Qué necesito modificar?.

Como maneja Porlán (1991, p. 23) el diario es una guía para la reflexión sobre la práctica, favoreciendo la toma de conciencia sobre el proceso de evolución y sobre sus modelos, a través de él se pueden realizar focalizaciones sucesivas de problemáticas que se abordan sin perder referencias del contexto, permite mejorar el desarrollo descriptivo, analítico- explicativo.

Conclusiones y recomendaciones

La realización de este informe giró en torno a un área de oportunidad detectada en la competencia profesional: "Emplea la evaluación para intervenir en los diferentes ámbitos y momentos de la tarea educativa", el trabajar en ella durante este periodo fue de gran utilidad pues mediante la realización de estrategias, aspectos conceptuales y metodológicos me permitió poseer las habilidades y conocimientos necesarios para emplear la evaluación, por lo tanto considero fundamental que un maestro siempre acuda a la reflexión para ver sus áreas de oportunidad y así mejorar cada día.

Haber logrado el área de oportunidad y ahora mi fortaleza no hubiera sido posible sin haber diseñado un plan de acción; tuve la necesidad de planificar acciones cada una con sus estrategias que me permitirían mejorar y estar desarrollando esa competencia. El construir propósitos siempre permite visualizar la meta es por esto que son tan importantes, lo que indica a dónde se quiere llegar y describe hasta dónde se llegó.

En sí el diseño de estas estrategias fue algo que consideré ambicioso al momento de planificar como lo fue la evaluación de cada uno de los niños, en un principio tuve muchas dudas pero conforme se investigó se fueron aclarando, mediante la puesta en marcha de estas. El evaluar es tan importante como lo es el desarrollo de la situación; se debe tener y buscar estrategias para que los alumnos se evalúen y autoevalúen ya aquí dependerá de la creatividad y el uso de estas de cada maestro.

Referencias

Fierro, C. Fortoul, B. y Rosas, L. (1999) Transformando la práctica docente. Una propuesta basada en la investigación acción. México/Barcelona/Buenos Aires. Ed. Paidós. Colección Maestros y enseñanza, num. 3.

SEP (2011) *Plan de Estudio 2011 Educación Básica. SEP*

SEP (2011) *Programa de Estudio 2011 Guía para la educadora.* SEP

SEP (2013) *El enfoque formativo de la evaluación.* México, SEP.

SEP (2013) *Las estrategias y los instrumentos de evaluación desde el enfoque formativo.* México, SEP.

Zabalza M, (S,f) *Diarios de clase un instrumento de investigación y desarrollo profesional. NARCEA.*

Evaluar para aprender: un proceso de seguimiento en la educación preescolar

Apuntes y reflexiones

Mtra. Blanca Rueda Flores Castro

INDUDABLEMENTE LA EVALUACIÓN conlleva un soporte de diálogo entre los agentes involucrados en este proceso, por una parte, poder comprender lo predecible e impredecible, y por otro, lograr una mejora. Al ser partícipe en el desarrollo de la competencia profesional de la licenciada en formación "Emplea la evaluación para intervenir en los diferentes ámbitos y momentos de la tarea educativa" sin duda alguna la comunicación dialógica fue el recurso que utilizó en la búsqueda metódica de enfrentarse con la verdad, con una actitud honesta, de apertura, flexible, participativa y sobre todo, con mente abierta.

La apreciación en relación a la reflexión sistemática que realizó sobre su quehacer docente fue el punto nodal para poder efectuar innovaciones en la planeación dinámica contextualizada, así como en todos los factores que se afectan, en este caso, focalizados en la evaluación.

Al ir planificando de manera ordenada las actividades, recuperando los saberes previos de los preescolares sobre un hecho en situaciones reales, se implementaron de manera paralela instrumentos de evaluación asociados con esas actividades de aprendizaje.

La habilidad de ordenar las evidencias que ilustraron esfuerzos, progresos y logros de los niños por medio del portafolio fue realmente para su formación un gran reto, puesto que sistematizar y organizar los procesos es una tarea hercúlea y considero que fue sumamente enriquecedora. Finalmente, percibo que su interés se incrementó por continuar incursionando en este tema tan profundo y polisémico como lo es la evaluación.

Printed in the United States
By Bookmasters